远程工作法

[美] 戴维·布尔库什
（David Burkus） 著

姚琼工作室 译

Leading From Anywhere:
The Essential Guide to
Managing Remote Teams

中信出版集团 | 北京

图书在版编目（CIP）数据

远程工作法 /（美）戴维·布尔库什著；姚琼工作
室译 . -- 北京：中信出版社，2021.12
书名原文：Leading From Anywhere: The Essential
Guide to Managing Remote Teams
ISBN 978-7-5217-3704-2

I. ①远… II. ①戴… ②姚… III. ①公司－企业管
理 IV. ① F276.6

中国版本图书馆 CIP 数据核字（2021）第 227904 号

远程工作法
著者： ［美］戴维·布尔库什
译者： 姚琼工作室
出版发行：中信出版集团股份有限公司
（北京市朝阳区惠新东街甲 4 号富盛大厦 2 座 邮编 100029）
承印者： 中国电影出版社印刷厂

开本：880mm×1230mm 1/32 印张：8 字数：139 千字
版次：2021 年 12 月第 1 版 印次：2021 年 12 月第 1 次印刷
京权图字：01-2021-4146 书号：ISBN 978-7-5217-3704-2
定价：56.00 元

献给还在小隔间里工作的人们

自由即将到来

目录

译者序
疫情之后，一条顺势而行的新管理路径

姚琼

OKR 教练，远程工作法倡导者

著有《每个人的 OKR》《OKR 使用手册》

　　非常开心有机会和团队一起翻译《远程工作法》，希望这本书可以让远程办公管理这个主题更加深入人心，也为后疫情时代的领导者探索一种新的管理方法。

　　作为远程办公的受益者，我在过去 20 多年的人力资源管理经历中体会颇深。当时我的办公地点是上海，而我的直属领导在北京，部门同事也在亚洲的不同城市工作，比如韩国的同事在首尔办公，中国台湾的同事则在台北，所以我们的大部分工作是远程进行的。

　　后来我离开外企独自创业，成立了姚琼工作室。我们其实是没有办公室的一个团队。我和联合创始人以及其他在

"北上广深"的 OKR 教练在全国各地进行培训、辅导和咨询，办公场地就是客户的培训教室；而在上海负责运营与研发的小伙伴则是在家办公的。这和本书提到的很多案例非常相似。

从 2015 年在国内推广"OKR 工作法"开始，我一直在企业做 OKR 倡导。2020 年春节的时候，疫情爆发了。为了响应政府关于延迟复工的号召，字节跳动、阿里和腾讯等互联网公司率先提出远程办公。我在疫情之初也开启了远程办公，主要通过直播或视频会议等方法，为全国的团队和个人提供 OKR 培训与辅导。当时我辅导的主题就是"疫情下如何高效利用 OKR 进行远程办公管理"。这让我想起了 2003 年的 SARS，当时我在企业里负责培训，不得不抱着三岁的儿子在家里办公。没想到 17 年之后又出现了这样的大规模远程办公情景，所以我也非常感慨。但现在，我们可以通过了解远程办公管理的概念、挑战以及优势，并借助我所倡导的 OKR 做好团队协作和目标管理，推动个人和团队更好地达成组织目标。

本书重视领导者与团队成员的沟通，揭示了不同沟通方式对远程团队完成工作的影响，并告诫领导者需要在团队成员的个人工作安排中做好整体协调与管理，针对远程办公的现实需要，对交流方式和频率设立恰当的期望，让正在进行的工作得到有效讨论。这与我们在疫情期间开始的"每周 OKR 模式"一致，即通过每周一在线共识会、每日在线晨会及每周五复盘会，重视员工目标感的建立，让他们对目标负责，并致力于提升员工在远程环境下、无人监管时的工作自驱力与开放性，让他们不断成长。

《远程工作法》的作者戴维·布尔库什是一位优秀的商业思想家，应用全球资源研究远程领导力，帮助全球远程企业获得成功。在翻译的过程中，我想起了自己的远程办公管理体验，也学习到了很多切实有效的远程办公管理新技巧。

我依稀记得多年前加入外企的第二天，很多同事通过邮件对我表示欢迎和祝福，让独自在办公室工作的我备感温暖。（参见第三章中的"带领新员工走入正轨"）

那时候每一年的绩效考核与面谈都让我印象深刻。比起注重微管理，远在北京的直属领导对我的辅导与培训更强调工作成果，哪怕我们一年只见面两次，但我还是拿到了绩效优等，这也让我感受到了十足的反馈感。（参见第八章中的"关注结果，而不是细枝末节"）

当我因为要创业，依依不舍地离开公司的那天，整个团队为我举办了"再见派对"。我拿着送别礼物、喝着香槟的照片现在仍被我收藏在手机中，我会时不时拿出来怀念一下。这对我来说也是非常珍贵的记忆。（参见第十章中的"与离职的成员告别"）

OKR教练的工作生涯，更是没有办公室，但处处都可以成为办公室。我在机场、火车站和酒店开了无数线上会议，在每个城市的客户培训教室或办公室进行培训、辅导。在这个过程中，我更加深刻地认识到线上会议的技巧是非常重要的，它直接决定了客户是否信任你，是否愿意把工作交给你来做。（参见第六章中的"8个步骤组织高效的线上会议"）

书中关于目标的叙述与我的工作生活更是紧密相关。我倡导的OKR工作法，其关键理念在于设定共同的目标，而这恰恰是远程办公管理的核心。（参见第一章中的"共同目标"）

后疫情时代，远程办公的需求在持续增长，未来大多数员工会将远程办公视为一种日常，从不得不适应到改变办公习惯，再到主动追求更加自由、灵活的工作环境，员工和管理者的思维方式也会发生极大的转变。如何提升远程领导力，培养领导远程团队所需要的敏锐洞察力、想法、工具、策划和技巧？你可以从本书中找到解决方案。期待越来越多的人将目光聚焦到远程办公领域，并可以将远程工作法与OKR工作法等新管理方法相结合，为这种未来的办公方式注入更多活力，在数字化时代中实现新的飞跃。未来就是现在！

最后，感谢姚琼工作室的远程团队小伙伴对我一直以来的帮助和支持，本书也是我和小伙伴远程协作的工作成果，它再一次论证了远程办公管理方法的力量！

前言
远程团队的兴衰与再次兴起

当海登·布朗（Hayden Brown）于 2020 年 1 月 1 日出任 Upwork 的首席执行官时，她可能从未想到自己在该公司的第一年会如此度过。

Upwork 是一家市值 10 亿美元的公司，由 Elance 公司和 oDesk 公司强强联手合并后成立，进而一跃成为全球最大的业务外包平台，旨在寻找自由职业人才，并与之展开合作。在 2020 年之前，该公司的大多数员工已经在全球 800 个城市进行远程办公。该公司也有几个传统办公地点，供尚未准备好远程办公的员工使用。但这些办公点设立了虚拟接待岗位，实际是由一个人在自己的家中同时负责着公司的多个前台工作。在前任首席执行官斯蒂芬·卡斯瑞尔（Stephane Kasriel）的领导下，这家管理着全球最大远程人才库的公司，一直在尽可能地保持远程运作。

至少他们自己是这么认为的。

当新型冠状病毒开始在全球迅速蔓延时，布朗及其领导团队发现自己与很多其他高层一样，陷入了困境。他们必须决定，到底要如何面对这前所未有的局面；也必须弄清楚如何在确保所有利益相关者安全的同时，还要保持业务不间断运营。但与许多公司不同的是，他们并没有暂时让所有员工都居家隔离，在家工作。对他们而言，现在居家办公不是权宜之计，而是长久之计。

他们早已研究透彻，长期以来，他们一直是远程办公运动的中流砥柱，只是保留了一些办公空间。而如今，是时候完成向完全远程办公的过渡了。

"基于 20 年的远程办公的丰富经验，我们现在宣布将永久采用'远程优先'的模式。展望未来，远程办公将成为每个人的优先选择。"[1]布朗在社交平台推特（Twitter）上写下了如上的宣言，并以"未来工作已到来"作为结语。

本书旨在关注未来，或者更确切地说，这是一本关于远程团队的过去、现在和未来之书——关乎你在这样的未来中，作为领导者如何大有作为。

远程团队的起源确实难以追溯，从某种程度上说，它们一直真切地存在着。罗马帝国横跨三大洲，恺撒大帝也只能将就四通八达的道路和信使，久居罗马城。在殖民主义的鼎盛时期，大英帝国号称日不落帝国，但维多利亚女王也只能通过轮船和贸易航线来维持广阔的疆土。即使在历史相对较短的美国，巡回牧师也会互相协调，在这个不断发展的国家中传教；而旅行推销员们甚至在汽车出现之前就挨家挨户地上门推销，为自己和公司谋求最多的收益。

　　但是我们今天谈论的远程工作和远程团队，其实是逐渐摆脱传统办公室的一种趋势。如果以此为讨论范畴，那么我们应该把 1973 年作为正式开始日期。正是在那一年，杰克·尼尔斯（Jack Nilles）出版了《电信技术与交通运输的权衡》（*The Telecommunications-Transportation Tradeoff*）。[2] 尼尔斯和他的合著者认为，日益严重的交通拥堵问题并不能通过拓宽公路来解决。他们将拥堵视为通信问题，有赖于技术的进步来迅速解决。他们认为公司可以通过缩小总部规模，并在其所在的城市边缘建立分散的卫星式办公室来帮助缓解交通问题——这与今天泡在咖啡馆的远程办公人员没有太大区别。当时还没有个人电脑，咖啡的味道也远不如今日，但尼尔斯和他的员工相信，大型计算机技术和当时的电话线足以实现远程协同工作。尼尔斯甚至为此创造了一个术语：远程办公（telework）。

随着科技的进步和电脑体积的缩小，支持远程办公的人只会越来越多。1989 年，查尔斯·汉迪认为，私人电话的出现标志着大型办公室开始走向终结。他写道："把电话与笔记本电脑和便携式传真机连接起来，汽车或火车的座位就变成了办公室。"[3] 1993 年，管理学家彼得·德鲁克宣称："通勤上班过时了。"但公司的领导者们肯定没有收到他的这份"传真"，即便收到了，也不会那么快就放弃自己的豪华办公室。无办公室革命并没有野火燎原之势，远程办公者的比例增长缓慢。但在科技公司中增长最快，也许是因为这些员工对更有效地进行远程协作所需要的工具更为了解。

在过去 10 年中，两件大事引发了人们关于远程团队和"在家工作"是否实际上只是偷懒的争论。第一件发生在 2013 年 2 月。当时新上任的雅虎首席执行官玛丽莎·梅耶尔向全公司发送了一份备忘录，宣布公司结束远程办公。[4] "我们要成为一个整体，"备忘录上写道，"这要从面对面一起工作开始。"许多公司纷纷效仿：惠普，IBM，甚至百思买（以前因"只注重结果的工作环境"而闻名）都把它们的远程团队从家里叫回了办公室。为了替代远程办公，许多类似的科技公司在工作场所的"福利"上支出了大笔资金，这些"福利"其实就是以并不高明的方式，鼓励员工专注于自己的工作，"两耳不闻窗外事"。

因此，远程工作革命的步伐逐渐放缓。到 2018 年，只有约 3% 的美国员工表示，自己有超过一半的工作时间是在远程办公。[5] 远程办公的发展仍在进行，但速度比以前慢了很多。

但突然之间，意想不到的推力出现了。新冠病毒的威胁几乎让世界屈服，但也让远程办公迅猛发展了起来。在那样的危急时刻，将所有人快速地转移到远程团队是一种无奈之举，也是权宜之计。但在体验了远程工作的好处后，大多数人都不想太快回到办公室。

IBM 在新冠病毒大流行期间进行的一项调查发现，超过一半的员工希望远程工作成为自己的主要工作方式；75% 的人表示，他们希望至少在某些时间可以继续远程工作。[6] 许多公司也做出了相似的回应，部分是出于安全考虑，部分是为了解决他们在被迫试用远程办公期间发现的问题。许多公司宣布，在努力弥补新冠疫情造成的损失后，他们将让员工继续长期进行远程工作。全球大型银行花旗集团告诉员工，他们中的大多数人会远离办公室将近一年的时间。脸书的首席执行官马克·扎克伯格甚至更进一步，宣布其公司的 4.8 万名员工中可能有一半将永久转为远程办公。[7] 脸书的声明其实颇有讽刺意味，因为在"办公室福利"最鼎盛的时期，该公司花费了超过

10亿美元，聘请著名建筑师弗兰克·盖里（Frank Gehry）打造了世界上最大的开放式办公室。[8]和海登·布朗一样，跨境电商平台公司Shopify的首席执行官托比·卢特克（Tobi Lütke）宣布，这家加拿大最有价值的公司将成为一家"默认数字化"的公司。[9]他们会保留一些办公场地开展某些必要的业务，但转为远程办公是永久性的，"以办公室为中心的时代结束了"。

　　新冠病毒的肆虐和人们做出的应对会被历史铭记。这段历史充满了悲戚，但也是推动远程办公的临门一脚。现在，大多数管理者已经亲眼见证了远程办公带来的益处和挑战，很多人也已经认识到其回报远远大于风险——也因为科技的发展进一步降低了这些风险，他们才愿意继续远程办公。

　　从研究结果来看，远程办公人员和团队比待在办公室的员工和团队更有效率，而且如果管理得当，他们也会更加投入。2014年，也就是玛丽莎·梅耶尔那份颇有恶名的备忘录发布一年后，斯坦福大学的经济学家尼古拉斯·布鲁姆（Nicholas Bloom）获得了一个饶有趣味的研究机会。这个研究后来极大地改变了我们对远程办公的看法。学校的研究生梁建章找到了布鲁姆，梁建章是中国旅游网站携程的联合创始人。当时携程拥有约2万名员工，已经是一家纳斯达克上市公司。梁建章告诉布鲁姆，携程正在研究让客服中心的员工在家工作的可行性，但希望这种尝试以正确的方式开展。

在布鲁姆的指导下，携程为呼叫中心内部某个部门的员工提供了为期9个月的自愿在家工作机会。公司要求申请的员工至少在职6个月，并在家里有一个可以高速上网的专用房间。249名员工对此表示感兴趣并符合上述要求。然后，自愿参与的员工被分成两组。一半人按照要求留在办公室作为对照组；另一半人在家办公，公司为他们配备了与办公室工作人员相同的技术设备，以便他们可以遵循相同的工作流程，并以相同的指标来评估他们的绩效。基本上，唯一改变的只是工作的地点。

那么9个月后发生了什么呢？布鲁姆回忆道："在携程看到的结果让我大吃一惊。"[10]布鲁姆和梁建章研究了这些数据后发现，在这9个月里，在家工作的员工比在办公室工作的员工多完成了13.5%的电话服务工作量，同时工作时间小休和请病假的次数也更少。布鲁姆解释道："这意味着携程每周几乎多出了一个工作日。"此外，在家工作的员工的辞职率，比每天通勤到办公室完成电话服务工作的员工低了一半。

在寻找绩效显著提高的原因时，布鲁姆和梁建章发现，与其说在家工作提高了绩效，不如说在办公室工作降低了绩效。他们估计，在家办公的员工提高的工作效率中，有1/3可能是由于更安静的环境使得处理电话更容易，另外 2/3 纯粹是因为投入了更多的时间。没有了让人筋疲力尽的通勤，离开了充满干扰的办公室，员工可以更早地投入工作，休息的时间更短，不会在午餐时间离开办公室处理琐事，也不至于加班到深夜。布鲁姆说："在家里，人们不会受到我们所说的'休息室蛋糕效应'的影响，即总惦记着休息室里提供的蛋糕，无法专心工作。"至少对携程的员工来说，办公室并不是一个完成工作的理想场所。

像这样的研究证明了你可能已经在怀疑的事情，随便问一个在办公室工作的人，他们"真正"需要完成工作的时候会去哪里，基本不会有人回答是办公室。尤其是那些开放式办公室，所谓的办公桌不过是一个大长桌的一小部分再加把椅子或者低矮的挡板，所谓的办公室门其实就是自己的降噪耳机。很奇怪，对不对？我们建造了宽敞而精致的空间，以便大家能一起工作，结果却发现真正需要完成工作时，人越多反而越容易分心。

除了可以自由集中注意力和减少（或不存在）通勤时间外，当转向远程办公时，员工敬业度的提高也极大地提高了他们的工作效率和留任率。盖洛普是在员工敬业度调查方面的全球顶尖公司之一，自 2008 年以来一直在研究远程办公环境下员工的敬业度。就在新冠疫情席卷美国之前，盖洛普发布了名为《2020 年美国职场状况》（2020 State of the American Workplace）的研究报告。该报告发现，可以选择远程办公显著增加了员工表示自己投入工作的可能性——但是增加的程度有上限。当有 60%~80% 的时间不必前往办公室，也就是一周有 3~4 天进行远程办公时，员工可以实现最佳绩效。[11]

在撰写本书时，很难预测疫情之后工作的整体未来是什么样子。但不难预见，远程办公不会再受到像雅虎备忘录那样的抵制。相反，只要工作允许，大多数员工会在某种程度上进行远程办公——将他们的时间分配到办公室、家里、咖啡馆和任何喜欢的地方。另一些人可能会在"纯远程"公司工作——公司完全没有实体办公室。把所有关于生产力和敬业度的研究综合起来你会发现，所有的领导者都应该制订计划，从而可以永久保证工作安排的灵活性。许多员工以后会长久地在各种地方工作，这就意味着你需要一个详细的规划，来保证自己的远程领导力。

本书就是这个规划：为你提供领导远程团队所需的敏锐洞察力、想法、工具、策略和技巧。接下来的书页（也有可能是电子书或有声读物——让我们公平地对待所有的书籍形式）将涵盖领导者需要了解的，有关于远程办公时代团队合作的全部内容。我们将通过审视一个远程团队的完整生命周期，来为你展现。

我们将从第一章开始，讨论你的团队开始远程办公时应该做些什么，如何判断你的团队是否正在过渡到远程办公状态，或者你是否刚刚被任命为远程团队的领导者；同时我们将介绍如何在团队中建立共同的工作期望和身份认同。

第二章对关于团队文化的"懒惰假设"提出质疑，主要是针对员工在办公室工作的津贴和福利。其实很多公司已与初创之时的赢弱截然不同，现在已经以强大而积极的公司文化远近闻名——我们将探讨这些公司如何获得今天的地位，而你又如何效仿。

第三章讲述了如何以正确的方式为远程团队引进新成员，确保你雇用了合适的人，即使他们还没有和各位同事视频通话互相问好，也能让他们觉得自己融入了团队之中。

第四章的重点是如何确保团队中的新老成员都感觉彼此之间密不可分，并与团队保持步调一致。远程工作可能会让人感到孤独，但顶尖的远程团队所建立的关系，往往比面对面的团队更为牢固。

第五章深入探讨了领导者如何与团队成员沟通。我们将对不同类型的沟通方式加以回顾，审视通过何种媒介进行沟通效果最佳——我们关注的重点始终是如何完成工作，而不仅仅是纸上谈兵。

第六章详细讨论了团队沟通中常用的方法之一：团队会议。我们将讨论远程的团队会议带来的机遇和挑战，并提供切实可用的方法来确保你的线上会议比线下会议更有效。

第七章介绍了如何培养远程团队中的问题解决能力和创造性思维。虽然我们一般倾向于认为新颖的创意是聪明人单打独斗的战绩，但在现实中，创意往往是团队共同努力的成果，对远程团队来说也是如此。

第八章对绩效管理进行反思——其实就是反思懒惰的管理习惯。远程办公时代的管理，就是要放弃"只要人在工位就是生产力"的观念。相反，明智的团队领导者知道如何帮助员工树立重要的衡量标准，而这在远程办公中尤为重要。

第九章探讨了保持高效工作的要诀：避免分心。即使远程办公模糊了工作和生活之间的边界，顶尖的远程团队领导者会帮助团队成员在二者之间划清界限。这不仅能限制员工的注意力分散，还能防止精力耗尽。

在第十章中，我们将讨论所有团队（不管是远程团队还是其他团队）面临的最大挑战：团队解散。没有哪个团队可以永远存在，优秀的团队领导者会帮助团队成员保持联系，同时帮助他们做好准备，在下一个团队中发光发热。

万一在这十章中我们未能解决你所有的疑惑，书的末尾还包含了两个附录。附录一是你领导团队可能需要的各种技术的简要概述；附录二是你可能遇到的各类问题的汇总，这些问题关系重大，不可忽略，但不适合放在正文章节。你可以按照顺序从第一章读到第十章，也可以跳到不同的章节，寻找适合你目前困境的解决办法。

作为远程团队的领导者，本书所有章节的内容融合起来就是你生存和发展之所需——也是所有领导者从现在开始要慎之又慎、深思熟虑的事。

第一章
转向远程办公

无论你是在一家远程办公的公司领导新团队，还是负责亲自带领团队转向远程办公，团队的成败都取决于几个关键因素。甚至在决定用什么办公软件之前，你就应当让团队成员相互理解达成共识，建立身份认同，树立共同目标。

"只要一关门，我们就没有任何收入了。"[12]

柯蒂斯·克里斯托弗森（Curtis Christopherson）从来没想过领导远程团队，或者跟客户进行远程合作。但当新冠肺炎危机迫使他的公司暂停营业时，一切都变了。突然之间，创新健身（Innovative Fitness）公司的创始人兼首席执行官柯蒂斯，只能眼睁睁地看着自家一贯的面对面健身训练模式被抛弃。在庆祝公司成立 25 周年之际，创新健身公司却正计划关闭旗下 12 家门店。2020 年初，创新健身聘用了 250 多名私人教练和后勤辅助人员，每个私人教练都在人流量巨大的黄金地段的健身房工作。"如果你下榻多伦多的丽思卡尔顿酒店，想要参加私教课程，礼宾部会把你送到我们这里。我们客户体验的质量也由此可以证明。"在人与人之间的互动突然变得稀缺的世界里，创新健身的全部收入都依赖于此。随着新冠病毒变得无法控制，柯蒂斯知道自己的公司到了快速变革的时候。

当得知有数位员工和客户从欧洲旅行回来后，新冠病毒检测不幸呈阳性时，柯蒂斯毫不犹豫地下定了决心。就在当晚，也就是3月15日星期天，他安排了一个全体员工的视频会议，告诉所有人第二天不会开门营业。他当时也不知道要怎么办，但深知如果继续营业会助长病毒的传播。柯蒂斯告诉员工，他们会在当周结束前拿到全额工资，届时公司也会制订出完整的计划。"我们告诉员工：'我们会想出清晰的规划，并在周五之前联系各位。'然后我们聚在一起共同商讨，想要找出一条明路。"他们设想最好的结果就是暂时关门几个星期，最坏的结果可能要关上半年，也想过要不要着眼于调整全部业务。

他们选择了转型——转为远程营业。

该公司之前已经在与一家软件供应商合作，开发用于预约日程安排和计费的专有系统平台。他们找到软件供应商，提了一个大胆的问题："能给预约平台加上视频通话的功能吗？"得到肯定的回答后，创新健身想出了自己的计划。他们将在两周内为私人教练搭建一个完整的系统，以便他们与现有客户线上见面，从而维持客户黏性和收入。他们还开发了一门课程，不仅指导私人教练如何使用软件，而且还能有效地对远程客户进行健身指导——此外，该软件仍然在不断地更新升级。他们还制订了锻炼计划模板，可以让客户在各种家庭环境中不借用专业健身设备也能达到良好的效果。

在那个周五，也就是他们两周转型期的第一周，柯蒂斯再次与全体员工在线上会面。他告诉员工："我们将为所有客户提供和线下同样质量的服务和培训计划。除了见面的方式之外，一切都不会变。"柯蒂斯着重强调了公司现有的使命和愿景，并重申理解各位员工因为疫情而面临的困难。但在会议即将结束时，他问了员工一个简单的问题："你愿意加入吗？"

"公司共有大约225名健身教练，其中205人立刻答应了。"柯蒂斯回忆说。

3月30日，该公司凭借一支训练有素的线上健身教练团队，正式推出了线上个人健身指导服务。

虽然大多数客户现在都回到了健身房，但线上健身服务仍然是该公司增长最快的收入来源——而且不会就此消失。

柯蒂斯反思这种转变带来的影响有多大时，认为或许早就应该转型了。"对我来说最不可思议的是，我们之前几乎完全忽视了各种技术。我们是有一个网站，但几乎没有优化过。"他解释道，"公司成立了25年，其间我们从来没有过把网站访问者成功转化为客户的案例，除非他们来到线下门店见面聊。"

但是自从推出了线上服务，来自世界各地的客户开始争相与创新健身签约，几乎不需要任何话术推销。通过设立远程部门，创新健身可以随时随地找到客户，还可以从世界各地招募人才，留下英才。以前如果教练离开了当地，那就意味着与公司的雇佣关系走到了尽头，而如今创新健身可以一直把他们当作团队的一员。

柯蒂斯认为创新健身公司不再只是一家提供线上健身指导的实体公司，而是一家拥有几所线下健身房的远程公司。"我们正在努力成为私人健身领域的优步（Uber）。无论你身在何处，我们都可以为你联系一位健身教练，根据你的目标、需求、能力和设备，指导你进行为你量身定制的锻炼。"

柯蒂斯可能没有想过，自己有朝一日会成为一家远程公司的掌舵人，不过现在他也没有重回旧日的打算。

柯蒂斯和他的公司所面临的诸多挑战也是摆在每一位远程团队的领导者面前的障碍。柯蒂斯必须弄清楚如何在虚拟环境中指导客户健身，但更重要的是，如何培训 200 多名员工，让他们能够完全远程地与客户一起工作。这是作为远程团队领导者要面对的首要挑战，也是远程业务成功的关键：帮助团队成员学会如何在无法面对面交流的情况下协同工作。

无论是新的危机使你的团队被迫转向远程办公，还是你刚刚成为远程团队的领导者，都会有方方面面的障碍，绝不仅仅是简单的后勤保障不稳。

当团队成员不在一起时，如何让他们感觉到团队凝聚力？

当他们不能走到彼此的办公区域商讨时，如何帮助他们协同工作？

团队成员身处不同的时区，或者同时要兼顾家庭责任，如何让他们步调一致积极完成手头的任务？

幸运的是，虽然远程办公对很多组织来说都是新事物，但是远程团队已经以某种形式存在了很长时间，我们可以从之前的成功和挫折中学到很多。马丁·哈斯（Martine Haas）和马克·莫滕森（Mark Mortensen）多年来一直在研究远程团队——包括由各个部门的成员组成的全球性团队（如果有的话，那称得上是真正的"无边界"团队）。[13] 他们已经看到远程办公给团队及其领导者带来的大量挑战和机会。无论是现有的团队要转为远程办公，还是在远程环境中组建新的团队，有两个特别突出的问题是需要领导者解决的：对团队成员彼此的工作习惯和环境相互理解并达成共识，以及在团队中建立身份认同。

在本章中，我们将研究如何依次解决上述问题，继而说明对所有类型的团队管理者来说都非常重要且紧迫的第三个要点：围绕一个共同目标凝聚团队。

达成共识

一般来说，在传统的团队构建模式中，团队刚成立的时候会有一段可控的混乱期。有一个著名的传统模式，甚至把团队组建后的第一阶段称为"风暴期"。因为团队成员此时都在表达各自的意见，适应彼此的存在，所以冲突是必然的。直到团队逐渐适应行为规范，了解其他人的工作习惯之后才逐渐趋于稳定。很多这种模式都是为线下团队开发的，对他们而言，这个阶段很快就会过去。在远程团队中，领导者应当在制定规范的时候尽量让冲突最小化，而这就是共识的用武之地。

共识是指团队成员对团队的专业知识、任务分配、工作环境和偏好所持有的共同看法。团队中不同的成员拥有不同的技能、能力和知识。在远程团队中，成员也可能拥有不同的文化背景，受到不同的文化约束。虽然线下团队也有这种情况，但对不在同一个屋檐下共事的远程团队来说，彼此误解的可能性更高。针对这个问题，团队成员需要知道彼此掌握的信息、各自的责任范围，以及如何寻求帮助或者提供帮助。为团队成员营造互相理解的空间，是至关重要的一点。

有一个很简单的办法，就是在每周例会或者某个工作日，有目的地安排一段非固定的时间，让大家一起坐下来聊聊，主题不限。给团队空间来聊聊日常发生的琐事、家庭的温馨时刻，甚至是与手头任务无关的行业新闻，让每个团队成员都有机会更好地了解其他人。哈斯和莫滕森甚至建议，团队成员在视频的时候可以拿起摄像头在屋里转一圈，向其他成员展示一下自己的工作环境（包括那些让人分心的事情及自己是如何保持工作效率的）。

另一个实现互相理解的简单方法，就是协调日程表。远程团队不受地点限制的特性，让每个人都可以自由选择适合自己的工作日程，但团队成员最好能有一些重合的时间。不得不一起合作，却又因为时区不同耽误一整天，这确实让人心累。除非团队成员来自全球各地，否则不需要承受这种负担。所以当你与团队商讨共同目标时，要引导每个成员在日程表里安排至少几个小时的重合时间，以便成员之间可以互相通个电话或者交换一些看法。

在达成共识的同时，团队成员还要公平地使用团队的设备，增进对彼此技术能力的了解。远程团队依赖于技术，团队领导者的职责，是确保团队成员能够公平地使用协同工作所需要的一切技术。想想创新健身需要从客户和员工角度考虑多少，才能推出线上健身指导服务，而且确信自己定会成功。同样的，你需要弄清楚客户需求，以及哪些员工需要相应的技术培训。说到培训，不要忘了自己——如果你总是忘记怎么取消静音，那么很难组织起有效的线上会议。

除了技术之外，还要保证信息获取的渠道畅通，保证团队成员可以获取自己所需要的一切。许多公司对信息获取和软件使用采取"部分限制"的政策。除了人力资源信息外，大多数公司内部真正敏感的信息比他们想象的要少得多。但为了保护这一小部分敏感信息，公司往往会不知不觉地将工作所需要的信息也封锁起来，把员工拒之门外。在办公室里，这仅仅会带来些许不便——员工要找到负责授予访问权限的人，等着他们开启权限。而在远程办公环境中，这完全可能导致工作停滞——找到授权的人可能很容易，但等待他们授予访问权限可能需要几天甚至更长时间，因为每个人的工作时间并不同步。

如果你不相信自己的员工，那才是真正需要解决的大问题。比起这个来，要不要给员工权限真是小事一桩。

引导团队成员互相理解达成共识，可以让团队协调更轻松，合作更顺畅。这是凝聚远程团队，或将现有团队远程化关键性的第一步，但这只是开始。

身份认同

建立身份认同对任何团队都是至关重要的，对远程团队尤其如此。身份认同是指团队成员对自己作为特定群体一员的认同感，表明个体成员是否真的觉得自己是这个团队的一分子，并且愿意对其忠诚。数十年的社会科学研究表明，人们会给所处的环境（包括自己和周围的人）分门别类地贴上标签，以此来理解自己的世界。"团队"就是这样一个标签，其重要性不言而喻。因为当我们认同某个特定群体时，该群体就会塑造我们的身份和行为。

在团队中建立高度的身份认同感可以使成员间减少冲突，规范行为，增强凝聚力和协作意识，最终提高团队绩效。但是在远程环境中，只有一两个团队成员在一个城市，而其他人天各一方时，个人的团队意识就会被扭曲。人类往往倾向于"我们"与"他们"的对立型思维方式，而"我们"很容易被误解为一起在线下面对面工作的团队成员，甚至是团队中碰巧在同一地点工作的不同职能的员工。

我想到一个很恰当的例子：当时我正处在职业生涯早期，在一个远程团队从事销售工作。根据组织结构图显示，我所在的团队共有9人，都向同一个区域销售经理汇报工作。然而，我所在的公司还有另外两名销售和我在同一个地区工作，拜访的客户也是同一批。不过谢天谢地，我们卖的产品不一样。在这种模糊的工作环境下，根本不可能分辨出我到底属于哪个团队。是那些和我有同一个上司的人吗？还是那些住在同一个城市，面对同样难搞的客户，需要帮助的时候打个电话就能迅速回应的人？

20年后，我仍然不知道这个问题的答案。但我知道我每年会给谁寄圣诞贺卡——肯定不是我以前的上司。

有意识地建立身份认同，就可以消除这种困惑。有一个办法可以有效地培养团队认同感，加强团队成员之间的联系，即点明团队的最高目标且一刻也不放松地去追求。最高目标影响到团队（或跨团队）中的每个成员，并且需要每个利益相关者一起努力才能实现。最高目标可以是某个具体目标，也可以是某项挑战——除非团结起来一起应对，否则会威胁团队的中每个人。对于创新健身公司来说，原本的首要目标只是确保公司能够生存下去。但是现在，他们极为重视公司的使命和价值观，即通过个性化健身来帮助人们过上更好的生活。

对最高目标的研究表明，当多个团队共同承担某个不合作就会失败的项目时，他们通常会选择合作。[14] 在合作的过程中，他们不再固守原来的队伍，而是重新组建团队。[15] 只要最高目标尚存，这个新身份就会一直存在。

确立最高目标可能是一个公司打破小团体，结束部门之间抢地盘乱象的关键。而对于远程团队来说，确立最高目标是建立身份认同的重中之重。当你在分配岗位和职责，或者只是检查工作进度的时候，记得把团队成员的个人努力和团队的最高目标联系起来。不管何时聊到个人工作效率，都请花点时间回想一下团队为之努力的宏大目标。提醒每个成员，他们各自的努力推动着团队向更伟大的使命前进，即使团队最微小的胜利也是这段路途的里程碑，不要吝惜分享。

有的时候很难确定团队的绩效目标是不是已经很高了，高到绩效目标本身就可以当作最高目标，从而帮助团队建立身份认同。这就是为什么近些年来，我对共事的公司和领导者采取了一种非传统的合作方式，以确保自己定下的是最高目标。这一切都与我们如何看待更宏大的目标有关。

共同目标

我们知道大家都想要追求一种使命感，除了个人生活之外，在工作中也是如此。但我们也必须承认，很多公司在描述目标时有些不足，并不能让员工意识到自己工作的重要性。

在盖洛普公司著名的"员工敬业度调查 12 问"中，核心问题就是询问员工，公司的使命或目标是否让他们觉得自己的工作很重要。为了回答所有类似的问题，大大小小的组织都花了大量的时间，来制定各自所谓"完美的"使命或愿景宣言，或两者兼有。

然而，自盖洛普公司开始进行这项调查的 20 年中，敬业员工的比例一直徘徊在 20%~30%。[16] 在我看来，这表明公司的既定使命或目标，与员工个人在公司中的角色之间存在脱节。造成这种脱节的原因可能是公司的目标宣言太糟糕了——除了股东之外，谁会想听关于"股东价值"的东西呢？但也可能是由于领导者没有花时间去和员工个人或特定团队好好沟通，共同完成这项任务。换句话说，公司的使命并没有被积极地转化为团队的共同使命或共同愿景。

随着我与更多的公司和团队有了建立共同目标的成功案例，我总结了一种立见分晓的检验办法，来检验公司的整体使命是否已经成功内化。即对以下问题是否有清晰简洁的回答：

"我们为了什么而战？"

而不是"我们在为谁而战？""为谁而战"是一个关于竞争对手的问题。它建立了一种"我们"与"他们"的竞争心态，而这种心态可能并没有什么用。"为了什么而战？"的意思可能是"我们到底要解决什么问题？"或者"我们要努力解决这个世上的哪些不公之事？"也可能只是"我们想要证明什么？"

如果你想说这个想法太简单粗暴或者太过时，我承认。几十年来，企业一直像在战场上一样呼喊鼓舞，试图把员工团结起来，但都徒劳无功，并且发现这远远不够。这种失败的原因我们在前面已经讨论过：它们把"战斗"的论调集中在竞争对手身上。不过很多时候公司的员工要么刚从那边跳槽过来，要么几年后要跳槽过去。即使没有这种情况，这种论调也没有效果，因为它是一种短期心态。

我们讨论的是长期目标。所以，当我问团队"我们为了什么而战？"时，其实是在看他们有没有把公司的既定目标内化为更大的目标，甚至是我们之前提到过的最高目标。简而言之，长期目标精确地定义了公司存在的缘由。它给公司内部的人，提供了那些他们最想从工作中获得的东西。创新健身公司的核心价值观之一就是"只找办法，不找借口"。当新冠疫情危机来袭时，这句简单的话语成了全公司奋斗的信念。

"我们为了什么而战？"这个问题其实包含了三种类型的"战斗"。研究表明，这三种"战斗"最能激发个人灵感，并在团队中建立起共同目标：

- 革命之战；

- 弱者之战；

- 同盟之战。

革命之战是为了改变现状，指向的是这个行业或社会中的顽疾，而这正是你的公司和团队要改变的东西。弱者之战是与行业中的资深强者竞争，通过更细致的运营反败为胜。同盟之战其实与公司之争无关，而是关乎客户或股东，以及你的工作如何帮助他们在各自的竞争中获胜。

人们不是想加入一家公司，而是想投身一场革命。

对领导者来说，树立共同目标、建立身份认同、达成团队共识的最好方法，就是尽早地、经常地提醒团队成员，他们所做的工作对推动事业发展是多么的重要。

尽早养成这些关键的心态将有助于你的团队走向成功。帮助你的团队成员互相理解彼此的知识、技能、优势和其他情况，同时引导他们对彼此的期望达成共识。通过吸引团队追求最高目标，树立为何而战的信念，从而建立身份认同。这不仅让你的远程团队更有效率，还能让团队成员无论距离多远，都能相知相通。

远程团队领导者须知

当现有团队转向远程办公或者你要领导新的远程团队时，将面临许多机遇和挑战。但是在远程办公期间，你可以采取行动应对种种挑战，并抓住机遇带领团队走向成功。让我们快速回顾一下远程团队领导者须知：

- 为自我表达创造空间，促进团队成员互相理解达成共识；
- 通过引入最高目标来建立身份认同；
- 通过回答"我们为了什么而战？"来树立共同目标。

第二章
构建远程团队文化

文化是指企业内部不言而喻的信念、价值观、行为和规范。团队文化会对企业的成败产生巨大的影响，也会深切地影响到你领导团队的思路。幸运的是，有相当多的研究可以作为我们构建团队文化的蓝图。

弗兰克·范·马森霍夫（Frank Van Massenhove）为了成为比利时社会保障部的部长，在面试审查时说了一些应景的话，比如将会维持现状，不会做出过多改变，因此成功上位。他于 2002 年开始担任此职，然而刚刚上任，他就因为要面对的现状震惊不已：一个不太受重视的团队，居然零散地分布在布鲁塞尔的四栋联邦大楼内。其中甚至还有一个旧车库改造而成的办公室，并且只有最基本的设施。在这间办公室摆上办公桌之前，人们甚至可以开车穿过"办公室"的走廊。对于政绩不佳的公务员和在其他地方找不到工作的市民来说，这就是一个完全没有前途的混日子的部门。但这个烂摊子也是一个巨大的机会——范·马森霍夫从接管的那一刻就意识到了这一点。

"我面试的时候撒了谎。"范·马森霍夫回忆说,"如果我老老实实地说出自己原来的计划,比如不独揽大权,把权力交给员工,那我大概不会被任命。"[17]比利时社会保障部因为政绩不佳早已臭名远扬,没有人对它抱什么期望。事实上,甚至没有人认真监管。他解释道:"我们暂时关门,调整权力结构之后才继续开始办公。"

那么,他如何调整权力结构呢?

他做的第一步是给予员工自主权。之前社会保障部的运作方式和很多人想象中的政府官僚机构一样,即指挥和控制型领导风格,包括工作时间和工作方式都有着非常具体的条条框框,但是范·马森霍夫觉得他的员工不需要这些。他们只需要知道自己要做什么,至于怎么做、什么时候做,就不需要别人去限制了。"我们不相信打卡机。"他曾得意地说,"上下班打卡只能说明员工的人在办公楼里待着。"[18]仅此而已,并不表示他们一定就在工作。

简单地说,赋予员工自主权就是给予信任,相信他们能够在各种自己喜欢的地方工作。一旦允许员工拥有自由的工作时间,那么他们在哄孩子上床睡觉之后或者在牙医诊所候诊时,就会自然而然地产生继续工作一段时间的想法,并且这种意愿从拥有自主权那刻就开始产生了。几年内,范·马森霍夫已经将一个挤在潮湿办公室里的古板官僚机构，变成了一个几乎完全远程办公的团队。在他任职期间，该部门的1200名员工中有超过1000人基本处于远程办公的状态。每隔几周，他会鼓励所有员工回到办公室，进行简单而高效的沟通。除此之外，他们可以自由安排日程，随心所欲地在任何时间、任何地点工作。

这种信任产生了什么影响呢？

在他任期的前3年，员工的工作效率提高了18%，并且之后以每年平均10%的速度持续增长。在比利时各部委中，该部门的员工请病假的天数最少，而且几乎没有职业倦怠。并且在没有制定任何正式的两性平等政策的情况下，该部门各个层级员工的性别都更加平衡，因此还赢得了性别平衡领导奖。更重要的是，在大多数公务员心中，这个部门从没有前途的烂摊子变为了最理想的工作地点。在范·马森霍夫接手之前，该部门的空缺岗位平均只能收到3个求职申请。而到他任期结束时，已经有将近60人竞争同一个岗位。

吸引这些新人到来并激励他们高效工作的，并不是可以远程办公而已。远程办公当然有所助力，但更重要的是范·马森霍夫在部门内部建立的文化——或者更准确地说，重建起来的文化。"从目前的证据来看，基于自由和信任的团队文化确实有效。"他提到，"虽然工作相同，但我们的方式截然不同。"[19]

范·马森霍夫力图在部门内部建立起积极向上的文化，推动部门转型成为远程团队。即使你的团队已经在实践远程工作模式（或者已经实行了一段时间），建立（或重建，视情况而定）适合的团队基础文化是团队兴旺和保持独特的关键。在本章中，我们将介绍促进团队文化蓬勃发展的构成要素，并提供几种在远程团队中建立（或重建）这种文化的策略。

当谈论文化时，我们究竟在谈论什么？

精确定位企业文化看似很难，但我们每天都置身其中，我们手头的工作及在团队中承担的职责都深受其影响。企业文化不仅能反映出员工普遍的思考和行为方式，而且与员工之间日常如何相处有关。随着线下团队逐渐向远程团队转变，自上而下支配型的企业文化逐步淡化，关注个体的团队文化的重要性大大增加。在这一情势下，建设团队文化的重任就落在了作为远程团队的领导者的你的肩上。

幸运的是，在打造最佳团队文化所需要的关键要素方面，我们已经拥有了扎实的研究基础。

2015 年，谷歌的人力分析团队提出了一个颇有难度的问题："为什么有些团队比其他团队的绩效更高？"谷歌人（大家对谷歌员工的称呼）与世界上一群最优秀的组织心理学家和统计学家合作，针对这个问题开展了有史以来规模最大的团队研究。起初，他们认为绩效取决于团队中的个人，只要能够"人尽其才，各得其所"就够了。但是当这些个人数据套用在实例上时，却并不能生成任何有效的模型。因此，问题的答案不在于员工个人多有才华，或者员工与技术、能力和知识是否合理搭配。"我们调查了来自全公司的 180 个团队。"负责这一研究项目的阿贝尔·杜贝（Abeer Dubey）解释说，"我们有大量的数据，但没有迹象表明特定的人格类型、技能或背景的组合会产生任何影响，在这个模型中，'人'的因素似乎并不重要。"[20]

但是，当研究人员将注意力从团队特性转向团队常规行为、传统和规范（换句话说，就是团队文化）时，他们发现了真正能够说明绩效最佳的团队与其他团队之间差异的模式。总的来说，他们发现了团队文化的五个元素。[21] 这五个元素似乎可以解释最佳团队的形成原因：

• 可靠性：团队成员为共同目标而努力的程度。

- 结构化和明确性：团队是否明确了角色分工和工作范围细则。
- 有意义：团队成员认为自己的工作有多大的意义。
- 影响力：团队成员认为自己的工作对团队产生了多大的影响。
- 心理安全感：团队成员是否能在彼此面前展现脆弱和真实的情绪感受。

在上述五个元素中，其中一些我们已经讨论过了。上一章提到，马丁·哈斯和马克·莫滕森发现，当远程团队未能达成共识和树立共同目标时，效率就难以保障。换句话说，团队缺乏可靠性、结构化和明确性。我们的研究表明，团队成员能够回答"我们为了什么而战？"这个问题，就说明他们在工作中达成了共识，成员之间有了向心力。然而我们还未涉及对构建团队文化至关重要的第五个要素：心理安全感。

那么，当我们在讨论心理安全感时，其实是在关注什么呢？这一话题的首席研究员艾米·埃德蒙森（Amy Edmondson）将心理安全感描述为"一种以人际信任和相互尊重为特征的团队氛围。在这种氛围中，人们可以自在地做自己"[22]。

在一项实验中，埃德蒙森调查了一家医院不同楼层的护士长的领导力。她发现，那些在团队中公认的更优秀的领导者，其护理记录的出错率往往比那些差劲的领导者更高。但随着调查的进一步展开，她很快就找到了解释。其实那些不能称为错误，而是一种文档记录方式。优秀的领导者通过承认自己的小错误为团队营造出一种心理安全感，这让奔波于病房间的护士也愿意大方地承认自己的错误并接受纠正。如此一来，每个人都可以从对错误的反思中受益。而差劲的领导者没能做到这一点，她手下的护士就会觉得一定要掩饰好自己的失误。除了由此引发的道德问题，掩饰错误也意味着这些团队失去了学习的机会。

心理安全感衡量的是团队中的成员之间是否能够自由地分享想法、经历和全部的自我。有了心理安全感，团队成员会更愿意提出一些新颖的"怪招"。虽然这些想法可能会推动团队走向不同的方向，但这指向的是非凡的创造力。

那么你如何在团队文化中建立心理安全感呢？如果回顾埃德蒙森给出的定义，可以发现这似乎取决于两个关键要素：人们之间的信任和相互尊重。

如果你想在团队文化中建立心理安全感（为什么不这么做呢，毕竟它是团队文化的最后一个要素），就必须专注于营造信任和尊重的氛围，接下来我们一一讨论。

信任

　　心理安全感的第一要素就是信任，这样的话我们经常听到，所以现在看来或许有些老生常谈。但是从某种程度上来说，健康、高效的团队文化的核心要素就是信任。对企业和团队而言，强调这一要素非常必要。如果团队成员相互信任且信任领导者，几乎所有事情都会更加顺风顺水。研究表明，信任度高的团队与信任度低的团队相比：前者成员的工作压力少了 74%，而精力多了 106%；前者成员的工作投入度增加了76%，工作效率提高了 50%，病假减少了 13%；前者团队成员对生活的满意度比后者团队成员要高出 26%，而职业倦怠程度降低了 40%。[23]

　　我们都曾耳闻信任的重要性，但真正在团队中建立信任却非常困难。无论是否实行远程办公模式，信任总是让人如雾里看花，捉摸不透。那么，要如何衡量团队中的信任，如何得知你是否获得了信任呢？事实证明，我们之所以难以理解信任，很大程度上源于我们认为它是一种感觉或情绪。

　　但是，信任是一种化学物质。

具体来说，大脑和血液中的化学催产素越多，人们就越能感受到信任。催产素是身体自然产生的。从专业角度说，它是肽或者氨基酸链。由于它总是在人们建立亲密关系时分泌，我们实际常称它为"融合激素"。母亲分娩或哺乳时，体内的催产素会增加。当我们互相拥抱、爱抚，甚至只是与他人一起愉快地吃饭时，催产素也会增加。我们体内存在催产素时，心率会降低，呼吸会减缓，同时应激激素会减少。更令人意想不到的是，大脑的注意力、记忆力和错误识别能力也会提高。由于上述原因及一些其他原因，研究催产素的科学家认为，催产素不仅可以减少人们的恐惧心理，还可以增加人与人之间的信任。

在一项研究中，研究人员保罗·扎克（Paul Zak）想要调查参与者的催产素水平上升是否会提高他们对信任的感知程度，以及在与他人交往时是否会使他人产生信赖。[24]为此，扎克及其团队借用了经济学家常用的一个实验——投资博弈游戏，加以调整之后开展了研究。在标准版的实验中，参与者会与一名匿名伙伴随机配对。游戏中，玩家甲先拿到 10 美元，而且按照规则，他可以给玩家乙包括 0 美元在内的任何金额。两名玩家都已经事先得知，在这一环节，任何转移的金额都将增加到原来的 3 倍。即如果玩家甲给玩家乙 5 美元，玩家乙实际上可以拿到 15 美元。在游戏的最后一个环节，玩家乙可以将包括 0 美元在内的任何金额返还给玩家甲。（这就是游戏名中"投资"一词的来源。甲"投资"乙，并且相信乙会给自己带来正收益。）

从逻辑上讲，这种博弈可能会产生零投资。甲需要相信对他而言完全陌生的乙，希望乙能够返还刚得到的 3 倍金额中的一部分钱。不过乙完全可以轻而易举地拿钱跑路，甲也可能在预料到这一点之后，先下手为强。

但是这种情况很少发生，因为扎克及其团队发现，人类是相互信任的物种。参与者以不同金额的投资完成游戏之后，就被护送到一个房间抽血以检测催产素水平。扎克惊讶地发现，玩家做出的投资选择与他们血液中的催产素水平息息相关。催产素越多，他们在游戏中就越信任自己的同伴。甲越信任乙，乙就越能感知并且以同样的方式回应对方。扎克解释说："当有人信任你的时候，你体内的催产素就会增多，进而提升你对他的信任度。"[25]

因此，信任不一定是给予的，也不一定是得来的，而是两者皆有。

信任是相互的。

领导远程团队或者任何团队时，建立信任意味着给团队成员创造机会，让他们感到被信任，并且可以信赖他人。领导者应该首先尝试在小范围内创造感受到信任的机会。随着团队的持续合作，这些机会将会随着时间的推移而增加，并形成更强的信任感。始于小事，执行为先。向你的团队证明，你相信他们不需要一直被监督就能完成工作（我们将在后续章节中更深入地介绍这一内容），他们会感受到信任并给予回应。开诚布公地分享你的想法和忧虑，你的团队会因为分担你的脆弱情绪而增加对你的信任感，并会以相应的方式做出回应。勇于承认错误可以增加团队对你的信任，这样一来，团队成员也会向你承认他们的错误。绩效不佳时如果你站出来承担责任，团队成员也会效仿你的这种举动，而不是相互推诿。

信任是培养团队中心理安全感的重要组成部分，不过同等重要的是，要让团队成员每次交流的时候表现出对彼此的尊重。

尊重

如果说信任是自己与他人分享真实自我的程度，那么尊重就是自我感知被他人接纳的程度。如果我信任你，那么我分享的时候会对你敞开心扉。如果你尊重我，你会重视我分享的东西。

然而，尽管对团队影响很大，但人们在工作场所得到尊重或者至少感受到尊重的时刻都少得惊人。2013 年，美国乔治敦大学教授克里斯汀·波拉斯（Christine Porath）和研究员托尼·施瓦茨（Tony Schwartz）对 2 万多名员工进行调查。[26] 他们发现，54% 的受访者表示自己不太能得到领导者的尊重。缺乏尊重会导致员工的参与度下降、流动性增加、注意力降低、生产效率低下、工作意义和重视程度减低，而且使团队的医疗成本增加。事实上，就员工绩效的影响因素而言，没有其他变量比领导者对员工表现出尊重的影响更大。领导者对员工的尊重之所以如此重要，部分原因是它具有感染力。

尊重是一种后天习得的行为。

波拉斯的研究发现，无礼和粗鲁的行为会传染。如果在早上目睹了不尊重他人的行为，我们的情绪会暂时变得沮丧，而且一整天的工作效率都会降低，并且在有意无意中更可能对别人无礼。[27] 负面情绪会从负面行为中产生，并蔓延到周围，对我们来说就是传播到整个团队。令人欣慰的是，积极的情绪和行动似乎同样可以感染他人。这意味着建立尊重的最佳方式就是尊重团队中的每一个成员，并以此为榜样——尤其是当团队成员看到领导者与他人交流互动时展现出尊重。

实际上波拉斯调查中的相当大一部分员工表示，自己做出无礼行为的原因是在团队中没有可以效仿的榜样——而他们只是在模仿自己无礼的上司。但是工作场所中，产生无礼行为最常见的原因实在令人震惊，而且这最终会导致员工的工作效率下降。在波拉斯进行的一项调查中，超过 60% 的受访员工表示，"时间不够"是他们忽视文明礼貌、举止无礼的主要原因。他们只是太忙了，"没有时间对人友善"。

但波拉斯很快指出，这只不过是一个空洞的借口。尊重是指人们在将要进行的交流互动中如何表现自己。尊重他人并不需要多花时间，只需要有意识地关注自己与他人的互动，就会在未来为你免去诸多麻烦。请回想一下，你最近几次和他人探讨新想法、观点和反馈的时候，如果有人与你意见不同，你是否会立即反驳或者提出质疑呢？当然，意见不同是很正常的，但你要真正倾听并且理解他人的观点。如果你想要改变他人的想法，那就多提供一些正在讨论的相关信息，而不是质疑别人的信息是否真实有效。质疑不会让员工感受到尊重，而且很可能不会让他们改变原来的想法，反而令他们进一步倒退回自己的阵线。如果员工得到新的信息后仍然不同意你的观点，那么不如带着好奇心去探究原因，而不是掀起冲突。与其进行反驳，不如提出问题，来帮助自己更好地理解和反思他们的观点。只是简单的改变，就可以保持团队沟通渠道的畅通，避免在未来产生更大的分歧。

和团队成员交谈时要专心。视频聊天的时候，你要把聊天窗口固定在屏幕中央，而且要与他们保持互动，尽量多一些眼神交流（我们将在其他章节中详细讨论远程沟通）。打电话时，你尤其注意不要打断他人。如果没有明显的提示，你很难得知他们什么时候真正表达完自己的想法，什么时候只是停下来喘口气。因此你可以留意他们长时间的停顿，或者最好等他们问你对提到的观点有什么看法。当你说话的时候，一定要结合之前团队成员提到的所有内容。这些小小的行动会产生巨大的积极影响。当人们觉得自己被倾听和理解，以及被尊重时，他们会更愿意与整个团队分享新的想法，包容地评价他人的表现，并且尊重团队的其他成员。在远程团队中，实时对话的频率要低得多，所以这些小小的行为就变得意义重大。

最后一点，可能也是最重要的一点，你要向可以信赖的团队成员征求反馈意见。许多人都会对自己的傲慢视而不见，这其实是人的天性。因此，在一场言辞可能会激烈的会议之前，你可以邀请信任的团队成员时刻观察你在会议中的表现，并让他在之后向你说明你做出的任何可能被误解为不尊重的举动。如果其他团队成员也能记录下你的最佳表现就更好了。比如你在打断别人之前意识到了这一行为，或者在倾听他人说话时与他进行了眼神交流。如果你在这些好的方面更进一步，而不再需要去纠正自己没有意识到的不良行为，那一切都会事半功倍。

随着时间的推移，你对尊重的重视会反映到团队中每个人的身上。如果有谁仍然视若无睹，那么你就有充分的理由，礼貌地请走这个害群之马，让他在新团队中继续傲慢无礼好了。

相互尊重的环境和团队成员之间的信任，是在团队中建立心理安全感的坚实基础，而心理安全感又是团队积极文化的基石。如果把这些与达成团队共识、树立共同目标，以及对"我们为了什么而战"这一问题的坚定回答结合起来，就可以很好地创造一种积极向上的团队文化，促进团队高效工作，活力满满，而你也可以享受到领导员工的纯粹乐趣。

远程团队领导者须知

　　团队文化会对员工的整体协作和绩效产生巨大影响，下面我们来回顾一下如何构建积极向上的团队文化：

- 心理安全感是健康的团队文化的核心要素；
- 心理安全感是建立在信任和尊重之上的；
- 信任是相互的；
- 尊重是后天习得的行为。

第三章
招聘远程团队成员

假设你已经打造了一支远程团队，并建立了安全稳定的团队文化，当你招募新人的时候，新成员可能对现有的文化造成影响，团队的绩效也可能有所波动。因此，要确保你选择的人不仅掌握胜任这份工作的技能，而且拥有适合现有团队的合作精神、沟通能力和工作动力。

你可能没听说过 Automattic 这家软件公司，但可能正在用他们的产品。（当然，如果你早上起来做的第一件事情就是阅读本书，那我要对你说："早上好，感谢你把本书作为起床读物！"）该公司的主要产品是名为 WordPress 的博客建站平台。[28] 互联网上超过 1/3 的网站都是基于该平台建设的，从小型的个人博客，到像科技博客 *TechCrunch*、《人物》（*People*）和《时尚》（*Vogue*）等出版物网站这样的大型网站都在此列。不过除了 Wordpress 这样的拳头产品，Automattic 公司还以其独特的招聘方式而闻名。

2005 年，马特·穆伦维格（Matt Mullenweg）和迈克·利特尔（Mike Little）创立了 Automattic，这家公司目前在 77 个国家拥有超过 1200 名说着 93 种语言的员工。[29] 这些员工中的绝大多数都在远程办公。而他们所经历的招聘流程，使首席执行官穆伦维格成了公众关注的焦点。

Automattic 的员工均需要经过试用，才能获得职位。[30]

穆伦维格创立公司之初，仍以传统的方式进行招聘。他会对申请者进行面试，再将他们安排到某个团队中；有时也组织现有员工与候选人会面。但每次都会发现有些新员工无法融入团队，穆伦维格对这种招聘方式越发失望。他在接受《哈佛商业评论》的采访时说："我们招聘员工时，希望他们能在公司待上几十年。"[31] 然而曾经有段时间，多达 1/3 的新员工表现不佳，入职后不久便准备离开公司。显然，传统的面试程序并不能带来稳定又长久的关系。

因此穆伦维格着眼于他现有的员工开始了研究。花很多时间试验了不同的方法，挑选出了最能融入团队且在职许久的员工。最后他发现，高超的沟通技巧似乎是这些人共有的典型特征。人们误以为远程办公时大多数员工都在沉默地工作，只有在必要时才进行交流。但当团队成员分散在各地时，沟通和协作反而更加重要。经常沟通最新情况或者对共享文档做出修改，接受关于自己工作的反馈并迅速做出调整，是公司中每个人都需要掌握的一流技能。

穆伦维格渐渐发现，要找到善于沟通且愿意接受反馈的员工，最佳方法就是试用一段时间，让他们和未来的同事一起工作。因此，尽管 Automattic 的招聘过程始于传统，但不久就独辟蹊径。应聘者首先提交简历进入初筛阶段，通过此关的人会进入第一轮面试。如果他们完全符合公司的要求，就会被安排进入项目团队开始工作。

此时他们会加入真正的团队，着手真实的项目。公司授予他们权限、内部账号和安全许可，他们也需要做出切实的成绩。候选工程师开始编写真实的代码，这些代码可能会用于最终的产品；候选设计师开始真刀真枪地设计公司的众多产品；而候选客服人员面对的，则是来自充满困惑的客户提出的真实需求。

在这家公司，候选人全天都处于远程工作状态。这也为他们提供了巨大的便利，因为许多人可以在从原本的公司跳槽之前，或者是刚辞职就开始进入试用期。所有候选人的报酬都是按公平的市场标准发放的时薪。试用制度不是为了压榨免费劳动力，而是要真实地评估候选人的工作表现。

试用期的长短可以根据候选人本身，以及项目和团队的情况进行调整。时间长短并不影响对项目质量的评判，用老员工的标准来衡量非正式员工是不公平的。而如果有必要，试用期可以一直延长，直到候选人对公司有了确定的感觉，公司也准确地了解到与候选人共事的情况。穆伦维格对此解释道："候选人入职后，可能并不会留在想要从事的岗位。但在试用期内，除了工作内容外，我们还会关注其他很多方面。"

试用期结束时，公司将向与候选人共事的员工收集反馈。如果得到的反馈基本是积极的，而且该候选人也很合适，公司便会录用他。在之前很长一段时间里，穆伦维格都会亲自面试每一位通过试用期的候选人。尽管他知道团队之间的合作才是最重要的，但他还是希望亲眼见到候选人，确认彼此能顺畅沟通。因此，他会在线上聊天室通过文字对候选人进行最后的面试。一旦他们成为 Automattic 的一员，交流的主要方式就是通过网络发送消息。

乍一看，通过试用进行招聘似乎非比寻常，但试用制度其实早已有之，只是形式不同。实习的本质不就是给求职者一个在公司试用的机会，来判断他们是否合适吗？试用是一种投资——相比之下，进行几轮视频面试，再通过电子邮件发出录用信确实简便许多——但这项投资的回报是值得的。自 Automattic 启用试用制不久后，招到不合适员工的概率降到了 2%。在 Automattic，"能成为招聘团队中的一员是一种荣誉，"穆伦维格说，"公司的每个人都有这样的共识。一个员工能做出的重要的决定之一，就是让谁加入团队。"

试用制让团队有机会得到以下三个问题的答案，这都是挑选未来远程队友的核心问题。

- 他们愿意合作吗？
- 他们善于沟通吗？
- 他们能自我激励吗？

无论是否采取试用制，当你考虑为团队招新时，上述三个问题都是你应该首要考虑的。

他们愿意合作吗？

在过去的 100 年里，当我们从工业性工作转向知识性工作时，许多人误以为合作的重要性会降低。毕竟在工厂里，工人们要共用机器设备，而在办公室或远程团队中，办公设备每个人都有。因此人们很容易认为，这样的工作性质适合独立工作。但就远程办公而言，真实的情况是合作对个人和团队的成功反而更为重要。

长期以来，我们一直认为每个人的绩效是个人知识、技能和能力的结果。但研究得越多，我们就越发现事情没那么简单，合作和团队活力其实对个人绩效有显著影响。哈佛商学院的教授鲍里斯·格鲁斯伯格（Boris Groysberg）开展的一项针对投资分析师的研究有力地证明了这一点。投资分析师的工作就是研究一个行业或几家公司，从而为投资者撰写报告，供他们在做投资决策时参考。

格鲁斯伯格目睹了各大投行之间对顶级分析师人才的争夺是多么激烈——有的投行甚至会开出7位数的薪水和6位数的签约奖金来留住那些客户口中顶尖的分析师。客户依靠这些顶尖分析师的分析报告进行投资。理论上讲，分析数据并撰写报告应该是一项相当独立的任务。它需要知识积累和洞察趋势的能力，而不需要太多其他技能。因此，格鲁斯伯格和他的团队开始进行研究，追踪明星分析师获得丰厚报酬的工作机会，以及他们从一家公司跳槽后，后续的发展如何。研究人员总共收集了1000多名分析师9年的数据。这些分析师都获得了业内顶级行业刊物《机构投资者》的认可。而且那些在登上杂志后换了工作的分析师，得到了研究人员的重点关注。

研究人员的发现令人惊讶。行业公认的顶尖分析师在获得新的工作机会跳槽之后，工作能力似乎并没有随之迁移。相反，他们的表现竟大不如前，业绩平均下降了20%——而且很多人即使在新公司工作了5年之后，业绩仍徘徊在公司的下游水平。另外，这些分析师换了团队后，似乎还会拖新团队的后腿。

不过格鲁斯伯格和他的研究团队还发现，有一种工作变动不会对绩效产生如此负面的影响：集体跳槽。这也是理解团队契合和协作为何如此重要的关键。"集体跳槽"是一个行业术语，指的是一家公司不只是雇用分析师一人，而是挖走了整个团队。当整个团队去了新公司时，他们的业绩并没有像独自跳槽的分析师那样受到影响。通过观察团队成员的变化，格鲁斯伯格推测，高达60%的个人业绩，实际上依赖于公司提供的资源及其所在团队的支持。

人才源于团队。

如果你想做到人尽其才，就要确保新人能与将要加入的团队紧密合作。这就是穆伦维格和他的公司采取试用制的原因，也是你需要建立一套体系来测试候选人协作能力的原因。如果不能实行试用制，至少让团队成员参与面试过程，人数多多益善。特别是在远程团队中，新员工不仅是单独向你汇报的下属，而且是一个独立工作的团队成员，与你一起为了共同目标而努力。因此，理应由与新员工共事的人来决定候选人的去留。

你可以在面试中提以下几个问题，以了解应聘者在团队中的表现。

- 你的理想团队是什么样的？团队成员多久互动一次，他们如何看待彼此？
- 在什么样的文化氛围中，你的工作表现最佳？
- 你在上一个团队工作的状态如何？
- 你曾经在一个不和谐的团队里工作过吗？那是什么感觉？

比较所有求职者给出的答案，并与你当前团队的回答进行对比，就能设想出每个候选人日后在团队中工作的情况。

他们善于沟通吗？

另一个决定你的团队和新员工成败的关键因素就是沟通，它的影响力仅次于合作。在远程办公的环境里，沟通的重要性愈加明显。2017 年，克里斯托夫·里德尔（Christoph Riedl）和安妮塔·威廉姆斯·伍利（Anita Williams Woolley）研究了影响远程团队成败的因素。[32] 在一项对比研究中，他们招募了来自50个国家的260名软件工作者，将他们随机分成5个52人的团队。每个团队的任务完全相同：开发一种自主学习算法。这种算法可以为客户自动推荐合适的用于太空飞行的医疗包中的物品。

为了激励团队，让他们有更好的表现，研究人员告诉参与者，取得最佳成果的队伍可以获得现金奖励。虽然金钱激励了许多团队更为努力地工作，但对最终产品整体质量的影响微乎其微。到头来，能影响最终成果的因素只有一个。你猜对了，就是沟通。

团队能否磨合出最佳的交流节奏，提高合作效率，延长个人专注的时间，是影响团队工作质量的关键因素。具体而言，能进行里德尔和伍利称为"爆发性"沟通的团队表现最好。他们将爆发性沟通定义为在紧要关头密集地进行实时、同步的沟通，而在之后的专注时间内进行异步沟通。在合适的时间进行爆发性沟通，对团队的出色表现至关重要。

本书的多个章节都提供了有关沟通的科学证据和最佳实践方法。而在本章，我们需要知道候选人是否有能力维持远程交流，以及他们的沟通习惯是否符合团队现有的方式。这便是视频面试比现场面试更受欢迎的原因，也是穆伦维格在线上聊天室进行的文字面试更具说服力的原因。如果面试者工作后90%的交流是通过文字聊天，那么文字面试比视频面试更有实际意义。而如果你采取的是视频面试，可以考虑提出几个问题，再要求面试者将答案录制成简短的视频。这不仅是评估候选人的便捷方式，更能展示他们简明扼要地表达想法的能力，以及如何在环境不利的情况下遵循指令。

在这种情况下，我们可以把科技时代之前的经典物品重新带回大众视野。

是的，我们可以重新引入求职信。

求职信曾是求职过程的一个重要部分。当你根据报纸上模糊的职位描述寄出简历时，附上一封求职信可以让邮件收发员知道送去哪个部门，也让招聘经理知道在读简历时应该认真些。但在这个上传电子简历的时代（不过也因此简历能被自动分类，永久保存），许多公司不再要求提交求职信（不排除有些老派的机构仍保有此传统）。但现在，求职信是远程团队候选人展现沟通能力的有力武器。

仔细阅读求职信，可以帮助你判断应聘者是否有很强的写作能力，以及他们是否表达出一种舍我其谁的自信。这与他们和这份工作的契合度及思路是否清晰密切相关。而求职信是他们在你和团队面前，展现上述两点要素的首次机会。

这与他们对语言的掌握程度，甚至是查阅词典的能力没有太大关系。重要的不是他们的语法是否正确，而是与现有团队是否契合。如果团队成员喜欢发表情，不喜欢长篇大论的文字交流，那么文学硕士可能不是合适的人选。（当然，除非他的毕业论文研究的是表情符号的日常使用。）为此，你可以在视频面试或文字面试中问以下几个问题，以衡量应聘者的沟通偏好是否符合团队现有的风格：

- 你喜欢和团队成员保持联系吗？
- 你更喜欢哪种交流方式？
- 请举出一个同事完全误解你的例子，并说明是怎么解决的。
- 在上一份工作中，你多久主动与团队成员或经理联系一次？

记住，你的目标不是要找所谓的标准答案，而是找到沟通偏好与现有团队相匹配的候选人。（当然，如果团队的远程交流并不顺利，那另当别论。我们将在本书第五章探讨此种情况的解决方案。）

他们能自我激励吗？

前两个因素都是在衡量候选人与未来新团队合作的顺利程度，但大部分远程办公都是独立工作，所以候选人自我激励的能力仍然很重要。还记得我们在前言中探讨的布鲁姆和携程的研究吗？这个研究还有后续。

在试行了为期 9 个月的"在家办公"后，携程发现远程办公的员工的表现优于线下办公的员工，于是决定实施远程办公策略。[33] 除此之外，研究人员没有再随机将参与研究的员工分配到办公室或远程小组，而是让远程办公的员工自主选择是返回办公室还是待在家里；另一组（留在办公室办公的员工）也可以选择在家工作。有许多人选择回到办公室，也有很多之前在办公室的员工选择在家中办公。

此时，工作效率又创新高。

事实证明，只有当员工真心想在家工作时，远程工作才会让他们更有效率。如果在尝试远程办公时发现很难自我激励，他们就会搬回办公室，这样效率也会提高。同样的，如果员工害怕在办公室工作，认为自己有足够的自我激励能力转为远程办公，满足他们的心愿也会使他们的效率提高。这样的结果看起来似乎相当简单，但它说明了各类远程工作招聘中，一个经常被忽视的问题：一个人独自保持高效工作的能力，会影响他在不被监督的情况下的工作效率。

我知道，这句话听起来好像没什么意义。但不幸的是，许多线下团队的招聘过程并没有考察自我激励这个因素——因此，招来的人在远程团队中的工作表现更为糟糕。当面试中出现涉及激励的话题时，基本就是一个空泛的问题："是什么激励着你？"这个问题的目的是了解公司现有的奖励制度是否适合这位求职者。（而且我们其实也很少重新审视这种奖励制度是否适合现在的员工——但要深入探讨得再写一本书了。）其实，我们需要考察的是，候选人能否在没有任何外部监督的情况下依然努力。

要想了解候选人是否有足够的自我激励能力承担远程工作，可以看看他们之前的工作成果。如果他们以前在远程团队中工作过，并且在团队中茁壮成长，这就有力地证明了他们能够激励自己投身工作。但如果他们没有此类经验，那也还有其他线索。比如有没有做过自由职业或者当过合同工？有没有创过业？即使最终他们没有在上述事业中取得过成功（这个假设也很合理，因为他们还在找工作），也可能是由多种原因造成的，与职业道德并无太大关系。但这些经验可能教会他们如何在没有监督的情况下开展工作。

如果这些经历都没有，那就得考察一下他们在生活中进行自我激励的例证。有什么爱好？是私密的爱好，还是能和团队成员一起分享的爱好？努力学习了哪些新技能？在艰难的学习过程中坚持了多久？对于这些问题，你需要的不是简单的答案，而是关于他们过去的经历，是在探寻无人监督时他们也会投身工作的可能性。

你可以在面试中加入以下几个问题，来考察他们的自我激励能力到底有多强，以及是否足以让他们在远程团队中发光发热：

- 你是怎么安排日常任务的？
- 独自工作时，你怎么保持十足的动力？
- 介绍一个你自己承担的项目，项目最终成果如何？
- 工作的时候，你怎么减少周围环境的干扰？

仅仅知道他们想在远程团队中工作是不够的，因为很多人觉得这种生活方式很吸引人。但这些人过于关注"远程"这个词，而忽视了"工作"。上述这些问题的用意，是评估当他们不能经常与团队接触时，工作能力如何，以及在没有经理"监视"的情况下，有多么强的自我激励能力。（而且提醒一下，千万不要想着远程监视员工。）

丢弃智力测试

关于招聘还有一件事没提到，但你可能已经想到了：智力测试。大约在 20 世纪 90 年代中期，在招聘面试中开始流行令人匪夷所思的智力游戏。应聘者会被问到类似的问题：

- 为什么井盖是圆的？［这样人就不会"方"（慌）得掉进去。］
- 芝加哥有多少钢琴调音师？（黄页上写的是 83 个，但面试者不能查，只能猜。）

这些天马行空的智力游戏甚至在 21 世纪初被编写成一本书，书名为《如何移动富士山？》（*How Would You Move Mount Fuji?*）。出版此书的本意是教会人事经理怎么挑选智力游戏，但大多数情况下，它只是给求职者提供了参考答案。

这类问题的设计初衷可能是高大上的——让你可以窥探候选人的思考过程，或者至少知道他们有进行思考。但最近的研究表明，这种方法在面试中基本徒劳无益。其实 2008 年有一项 700 多人参与的研究表明，这些智力游戏唯一的作用，就是暴露人事经理的自恋程度和施虐倾向。

所以就此打住吧，别再玩脑筋急转弯了。如果你实在忍不住，就让别人负责面试吧。

带领新员工走入正轨

在结束这一章之前，应该再简要讲讲新员工入职问题。一旦你决定录用新成员，又不能亲自到场欢迎，应如何带领新成员走上正轨呢？虽然新员工的入职往往由人力资源部和法务部操办，但最近的许多研究表明，这些传统的流程对于新成员的工作成绩并不重要。

美国巴布森商学院（Babson College）的副教授基思·罗拉格（Keith Rollag）曾牵头一项针对新雇员的研究，结果表明大多数公司采用的入职培训是信息灌输式的，这远不如让新员工与来自各部门的大批同事快速建立关系更能促进他们之后的成功。我并不是说文件和培训不重要，大多数情况下这些流程是必需的。但正如罗拉格和他的同事所说："我们的研究发现，这些文件和培训从来都不是影响员工成功的关键因素。"

所以入职时，除了完成文件填写，更要建立同事关系。确实要把文件填完，但不必牺牲新员工与你和团队成员熟悉的机会。你可以为整个团队安排一次视频欢迎会，让团队成员与新同事熟悉一下。如果不能进行实时沟通，你可以让每个老成员写一封简短的欢迎信，写下他们期待新成员加入的原因。也可以发电子邮件，但视频的效果会更好。如果你遵循了之前的招聘流程，那么很多老成员已经在面试过程中接触过新人。因此你可以请老成员分享一下，新成员身上令他们印象最深的特点。甚至可以给新成员布置一个小任务，要求他们找一天和每个团队成员见见面。

优先考虑同事关系，也可以帮助新员工获得快速上手工作所需要的资源和技术。因此你要记得提前寄出所有设备，并在新成员正式入职之前提供给他内部账户的用户名和密码。如果你的公司政策只允许员工入职之后才能使用这些资源，那可以提前准备一份操作流程指南，指导新员工平稳度过。更佳的做法是指派另一名新入职的团队成员，带着尚未入职的新员工完成整个入职流程。新手互助是最佳策略，因为他们不仅对流程十分熟悉，也能真正感同身受。

另外如果可以的话，你可以在入职流程中加入一个面对面交流的环节。这对远程团队的新成员来说会是个十分贴心的细节。你可以定好时间亲自去迎接新员工，并和他一起工作，或者在新员工入职的第一天安排一次全体会议，这两种都是欢迎新人的绝佳方式。但如果客观条件不允许，您可以考虑给新员工寄一个装满公司礼物的爱心包裹，也可以是由每个团队成员精心挑选的、更有意义的物品。

最后要记得，新员工入职第一天，不论早晚，你都要和他来次一对一的谈话。大多数新员工不会让别人知道自己的担忧，而是会在前几周进行自我审视，以免让新团队觉得自己是个手足无措的菜鸟。作为团队领导者，你的责任就是化解他们的担忧。更重要的是，让他们知道自己可以自由表达。在新员工第一天工作结束时，你可以给他打个电话，问问他工作进展如何，准备怎么庆祝成功入职。另外制订好计划，在新员工入职的第一个月末和第一个季度末与他们见面，了解他们对入职经历的评价，是积极的还是消极的。他们的反馈对于你改进未来新员工的招聘流程至关重要。

美国专利商标局的首席行政官员弗雷德·斯特克勒（Fred Steckler）手下的远程员工数不胜数。他说过一句特别贴切的话："每个人上班的第一天都是热情满满的，领导者的职责就是不要让这份热情消退。"[34]

管理一个精诚团结的远程团队，最关键的因素就是决定让谁成为其中的一员。我们从越来越多的研究中发现，从别处挖来的明星人才可能并不如想象中成功，除非他们和你的团队完美契合。因此，你在招聘过程中要特别注意每个应聘者的技能及其有关合作、沟通和自我激励的以往经历。请记住：在远程办公的环境下，团队合作反而更加重要。与新员工共事的老员工对新人的表现影响最大，所以在招聘新员工这件事上，你也要给予老员工发言权。

远程团队领导者须知

在招聘新的远程团队成员时，需要考虑很多方面。以下是领导者在招聘时应该牢记的几点规则。

- 为了确保新员工能在你的团队中发挥作用，请考虑以下问题：

  √ 他们愿意合作吗？

  √ 他们善于沟通吗？

  √ 他们能自我激励吗？

- 丢弃智力测试。

- 入职时，除了完成文件填写，更要建立同事关系。

第四章
建立远程团队纽带

在远程团队中工作，听起来好像挺孤独的。但线下团队的成员之间，从某种程度上来说是被迫相互交流，从而建立起联系。在远程团队中，这种交流就要通过精心策划的活动来开展。如果活动组织得当，可以使团队成员建立更为深厚的情感，这远不是那些被迫待在一个办公室的团队能比拟的。

社交媒体公司 Buffer 做了很多与众不同的尝试。该公司的信息完全透明，即公司的财务信息（包括每个人的薪水）对所有员工都是公开的。而一般来说，大多数公司的这些信息是保密的。这家公司完全采用远程办公，而很多公司只是进行过这种尝试，或者被迫试验过。尽管这家公司与其他公司有很多不同之处，但在建立团队文化和团队纽带方面，有一个观点是 Buffer 并不反对的：聚会很重要。

　　Buffer 的团队经理斯蒂芬妮·李（Stephanie Lee）说："虽然我们不会放弃远程团队的独特价值，但也不能否认面对面的交流有鼓舞团队士气和激发灵感的作用。"[35] 斯蒂芬妮的工作是策划公司的年会和产品峰会，以及帮助每个团队策划各自的年会。

每年春天，80 多位 Buffer 的员工会齐聚一堂，以公司的名义进行为期一周的交流，讨论公司的愿景和战略等重要主题。这些年会以前都是在公司位于旧金山的基本空置的办公室举行，但自从员工分散到世界各地后，年会地点也开始遍布全球。Buffer 的特别项目主管卡罗琳·科普拉施（Carolyn Kopprasch）表示："我们计划在北美、欧洲和亚洲或亚太地区轮流举行年会。"[36]

　　虽然年会的议程往往侧重于重要事务，但也一定会为团队会议和联谊活动留出足够的时间。正是在这种面对面的放松时间里，人与人之间的联系得以建立。年会的时间是周一到周五，周四休息一天。周四这天，每个员工都会得到一笔"Buffer 快乐基金"，用于和同事一起游玩周边地区，享受各种活动——从水疗到跳伞都可以。周五结束时会有一个感谢环节，整个公司的员工轮流传递麦克风，每个员工都有机会表达他们对团队或公司成员的感激之情。

　　除了年会之外，Buffer 还为公司的每个团队举办一个小型见面会。这给了团队一段面对面工作的时间，有助于他们更好地理解每个团队成员的沟通方式，并在本年度后续的时间可以更轻松地协调工作。"在远程公司，各自忙碌的时候称为异地时间。"李解释道，"对我们来说，每一天都是异地时间，所以这些在一起的特别时刻，我们称为'线下见面时间'。"线下见面时间也持续一周，但关注的不是公司层面的问题，而是让团队领导者自由选择本周的目标。一些团队专注于设定目标或拟定战略；而另一些团队则举办"编程马拉松"活动，专注于改进某些产品或产品功能。线下见面时间不是公司要求的，但是大多数团队都会利用好这个机会。而且，大多数团队都会特意把线下见面安排在年会结束后的 6 个月左右，以最大限度地增强其凝聚力。

在线上建立起团队之间的联系当然也是可能的，但大多数远程团队发现，他们可以从节省下来的租赁办公空间的资金中拿出一小部分，用于每年抽出一两个星期找个地方一起聚聚。这样可以增加团队的获得感。

如果没有深思熟虑的策略把远程团队从身体和情感上都凝聚在一起，远程办公可能会比想象的更加让人耗费精力。孤独是远程工作的人经常提起的情绪之一，如果不加以控制，可能会对每个成员产生很明显的负面影响。

研究发现，人在工作中的孤独感会降低其工作效能，限制创造性思维的发挥，削弱推理和决策能力。[37] 也许这就是为什么盖洛普公司的研究人员发现，那些与同事关系密切的人工作更投入，工作质量更高，请病假的次数也更少。[38] 在工作之外，孤独的负面影响更甚。2010 年进行的一项元分析发现，孤独和社交关系薄弱会缩短一个人的寿命，其影响相当于每天抽 15 支烟或每天喝 6 杯以上含酒精的饮料。[39]

显然，在团队成员之间建立情感纽带很重要，但这又是远程团队领导者非常艰难的任务之一。幸运的是，你可以采取一些切实可行且有据可依的活动来加强团队的联系，减少团队中的孤独感。

在一项为期 18 个月的针对远程办公人员的研究中，研究人员发现，团队本身的远程性质经常被视为成员之间建立友谊的障碍。[40] 由管理学教授贝丝·斯奇诺夫（Beth Schinoff）领导的研究团队在 18 个月的时间内，对一家全球性科技公司的员工进行了 100 多次采访，甚至还观察了这些员工在现实生活中的"聚会"。虽然距离确实是障碍，但远程团队的成员找到了解决的方法，不仅与同事建立了积极的工作关系，而且还发展了友谊。

建立团队关系首先要做的是培养研究人员所说的"节奏"。他们将团队成员之间的节奏定义为了解对方，并预估对方如何与自己交流。[41] 节奏可以帮助远程团队的成员调整协作的时间和方式。在面对面的团队中更容易培养出节奏，部分原因是他们的工作时间基本相同。当只需要抬起头，越过工位就可以开始一场信息丰富的面对面谈话时，那你很容易就能与别人培养出节奏。

研究人员发现，与工作相关的节奏为非工作关系的形成奠定了基础。节奏合拍的远程办公人员之间更愿意谈论非工作的话题，在社交媒体上联系，或者是在自己遭受挫折后寻求对方的支持。作为远程团队的领导者，你是帮助员工找到彼此的节奏，进而建立情感纽带的最佳人选。这对员工的健康、幸福，以及公司发展都至关重要。在这一章中，我们将探究一些切实可行的方法，来在远程团队中建立纽带，同时深入探讨 Buffer 公司开展的非常有效的线下见面活动，这对所有远程团队来说都是一个绝佳的举措。

集结团队，建立联系

我们已经介绍了一些技巧，可以帮助你的团队通过互相理解每个人的独特情况，从而开始培养节奏。但如果想更进一步建立情感联系，就需要有意地为团队成员安排自由聊天的时间——聊工作和生活都可以。这听起来似乎很难，但其实有一些相对简单、性价比又高的方法来实现。这里有一些办法可以尝试。

一起喝咖啡。这是瑞典的传统，但又不仅仅是喝杯咖啡这么简单。这是两个人在工作和社交之余的例行聚会，喝咖啡只是交流的借口。许多远程公司已经尝试了线上聚会，而且发现这是建立纽带的重要途径。[42] 在线上聚会中，两个人结伴休息，聊一些与工作无关的话题。随机配对效果最好，但领导者也可以让成员自由选择，同时鼓励每个人考虑一下，选择和不经常联系的人聊聊天。请记住，你一定要在工作时间安排这些活动，这样就不会有人觉得打扰了他们的下班时间。如果你真的想推行类似喝咖啡这种活动，可以请一些人在下次团队会议上分享他们在这类活动中学到的东西。这类活动并没有固定的议程，但是你可以在休息期间提供一些问题来播撒对话的种子。以下是我最喜欢的一些问题：

- 你的第一份工作是什么？
- 你最喜欢去哪里度假？
- 你最喜欢的超级英雄是谁？为什么？
- 如果你能教一门课，你想教什么？

问这些问题的时候，并不需要打探对方的私生活，只是让对话继续下去——让团队成员更深入地了解彼此，并期待下一次活动。

一起进餐。跟喝咖啡类似，但这项活动面向的是整个团队。线下团队一起吃午饭或晚餐时，这种人类延续了数千年的活动就会把他们联系在一起。罗宾·邓巴（Robin Dunbar）是研究社区和族群关系的全球领先专家之一。他在 2017 年的一项研究发现，乐于参加社交聚餐的人更快乐，更愿意参与社区活动，也会拥有更多的朋友。[43]2018 年的一项研究显示，共享大桌菜（在中国和印度文化中是传统，在西方不太常见；我们称之为"家族风格"）的商人合作得更愉快，达成交易的速度也更快。[44] 当然你可能没办法把所有人召集在一起，再点一大桌子菜，但可以把线上聚餐纳入日程。我在远程团队中看到的最佳案例就是 Lawyerist，一家 10 人的远程公司。该公司定期举办名为"周二墨西哥玉米卷"的午餐聚会。团队成员从最喜欢的当地餐厅点墨西哥玉米卷，然后通过视频通话共享午餐，仿佛真的坐在一起，其乐融融。加入与否完全自愿，但所有参加的人均由公司报销餐费。

与队友合作赶工冲业绩。虽然有些人比较擅长独立工作，但也有人需要感觉到自己并非孤立无援。在需要赶工冲业绩的时候，与团队成员合作可以在这二者之间实现平衡。两个或几个人一起登入同一个视频会议室，互相打个招呼然后开始处理工作。视频是开着的，但互相看不到彼此的桌面，每个人都默默专注于自己的事务。可以安排固定的休息时间，但并不是必需的。这样不仅给团队成员提供了一个互相联系和共同参与的机会，而且几十年的研究已经表明，当有其他人看着时，人们会以各种方式更努力地工作。研究表明，当人们知道别人在看他们时，可以跑得更快，更有创造力，更努力地解决数学问题。[45] 即使是一双看起来令人毛骨悚然的眼睛在监视着屏幕，也能让人们更卖力地工作。但我不建议在电脑上安装任何类型的监视软件，关键不是让员工知道"大老板"一直在监视着他们，而是让他们在团队中找一个伙伴，帮助彼此共同承担起工作责任。我在写本书的时候就用了这个方法，和我的两位作家朋友建了一个线上会议室。我们集中精力写作 25 分钟，聊天 5 分钟，然后再继续写。如果在我电脑屏幕的右上角没有那两张激励我继续前进的面孔，我不确定你现在还能不能读到本书。这个方法还有一个很好的附加作用。当你想独自工作时，家人可能并不会尊重你的个人空间。但如果他们以为你在开电话会议，很可能就不会来打扰你。（千万不要把这个告诉我的孩子们。）

固定办公时间，并鼓励其他人也这样做。 你如果觉得像一起喝咖啡或合作赶工这样的策略太结构化或者不太现实，那可以鼓励你的团队设定一个固定的办公时间，让彼此有时间讨论与工作相关或无关的事情。你可以采用开放式视频会议的方法，所有人都可以加入；或者在日程上预留一个开放的时间段，大家都可以预约。我曾在商学院当了近十年的全职教授，而且我和很多同行不一样，我觉得办公时间是我参加的效率非常高的会议之一——甚至可以说是最高的。所有的教授都会定期公布自己在办公室的时间。这段时间用以回答学生的各类问题。不过关于课程的一个小问题往往会变成更宏大的讨论，涉及学校、生活、未来职业规划，以及一系列能加深师生关系的其他的话题。如果没人来，我就有一段绝佳的时间来整理一下来往的电子邮件。

举行办公空间寻宝活动。我们已经介绍过，让团队成员互相展示自己的办公空间有助于建立身份认同。寻宝活动将这一理念进一步深化，并且可以经常举行，而不是只在新成员加入或有人换了新的办公空间时才举行。在这个游戏中，团队成员要环顾自己的办公空间，找到一个对他们来说有意义的物品。等所有人就位后，就开始进行展示和说明——每个成员轮流展示自己找到的东西。我最喜欢的这个游戏的版本是让团队成员通过三个东西展开说明：让他提升效率的东西，让他自豪的东西，让他开心的东西。这样，团队成员在分享工作技巧的同时，也能窥见屏幕另一端那个人的性格。

创建团队仪式。我们说的仪式不是要让团队成员赴汤蹈火、长途拉练，或者拿桶冰水往头上浇，而是你的团队独有的、常规或特定的活动，或者是团队内部的小组活动。自从人类形成部落以来，就用仪式将部落联系在一起。很多绩效超高的团队会定期参与共同的仪式，因为这能建立一种集体认同感和信任感，你的团队也应该如此。很多仪式其实非常有意义——我很崇拜的一个团队制定了一套核心价值观和配套的腕带。在该团队的所有会议开始之前，参与者都要反思这些价值观，并选择一个腕带戴上，以向其他人表明他们此次会议关注的重点是什么。仪式也可以很好玩——另一个团队会定期举办"谈话"系列活动，各个成员准备一个5分钟的演讲，内容是他们感兴趣的任何话题。仪式还可以和其他的元素结合起来——Lawyerist公司举办的"周二墨西哥玉米卷"活动，重点就在于仪式感而不是玉米卷。

当然，建立情感联系的方法绝不仅仅这6个，但你可以先用它们试试水。你可以都尝试一遍，根据实际情况进行改进；或者完全弃之不用，采用更适合你团队的方法，由团队决定哪些活动可以成为延续下去的仪式。但随着团队的壮大及合作时间的延长，你应该考虑实行一个特殊的仪式：线下见面。

策划线下见面

正如我们在 Buffer 公司的案例中看到的那样，在同一个空间面对面地相处，仍然是建立纽带最快的方式。所以如果可以的话，策划线下的见面活动。理想情况下，拥有远程团队的公司应该定期将所有员工召集在一起聚一聚。这是专注于商议高层战略、设定共同目标和开展其他公司计划的好时机，同时也为社交提供了充足的时间。但个别团队也需要组织小规模的线下见面，用来讨论整个团队的目标。也可以聚在一起赶工冲业绩，在这个阶段大家会在一起努力和一起崩溃的状态中交替。

无论看起来有多难，远程团队的领导者都应该努力挤出时间，把团队聚在一起，争取更多面对面相处的机会。最简单的方法就是把团队的线下见面时间，安排在某场行业峰会期间。如果大多数团队成员能从会议中受益，那么他们肯定也能从之后的会面中获益匪浅。而且如果参加会议已经列入了预算之内，那聚会就没有什么额外的费用了。但如果你有额外的预算，那就策划一下，找一个独特又令人难忘的地方让团队花上 3~5 天专门聚会。

临近聚会的时候，一定要多沟通聚会的细节。不要假设每个人都对旅行要准备的东西一清二楚，或者认为要去的陌生地方能和家里一样舒服。这是斯蒂芬妮和科普拉施在进入 Buffer 公司不久，就学到的教训。在策划出国度假或线下见面时，他们发现有些团队成员从来没有去过国外，没有护照，甚至没有坐过飞机。如果可以的话，为你的团队成员编写一个"常见问题"共享文档，出现有关聚会的新问题时可以随时更新答案。这样团队成员可以安心很多，也不会给你增加太多额外的工作负担。

在聚会期间，你要在推动团队项目进展和留足时间加深成员关系之间找到一个平衡点。可以把一天的议程分为两部分，或者每天开展不同的主题。议程可以按照你的意愿随意调整，但必须要有。制订计划利用好这段时间，才算物尽其用。

最后，如果你不能如愿把团队经常召集在一起，那就尽量在成员们碰巧离得近的时候，协调他们互相登门拜访。你也无须觉得必须如此，但如果你恰好要去某个成员所在的城市，可以和他见见面或者一起喝个咖啡。久而久之，团队中的其他成员也会效仿你。

远程团队诚然可以运作良好，但前提是成员们真正感觉他们像一个团队。孤军奋战的远程工作者会在孤独和孤立无援的感觉中挣扎，而这正是工作的本质，但你的团队不必如此。如果你采取一些深思熟虑的方法，建立起团队成员之间的联系或者组织团队线下聚会，就可以让他们在情感上更加亲密——而愈发牢固的情感纽带，很快会转变为捷报频传的团队胜利。

远程团队领导者须知

在远程团队成员之间建立纽带很重要，如果没有深思熟虑的计划达成此事，孤独感就会悄悄降临到每个成员身上，拖累他们的工作和生活。现在，让我们快速回顾一下，远程团队领导者在建立团队纽带时需要注意的事：

- 一起喝咖啡；

- 一起进餐；

- 与队友合作赶工冲业绩；

- 固定办公时间，并鼓励其他人也这样做；

- 举行办公空间寻宝活动；

- 创建团队仪式；

- 策划线下见面。

第五章
线上沟通

当远程团队的每个成员在各自努力时，协调工作就显得尤为重要。线上沟通就是要对交流的方式和频率设立恰当的期望。我们的目标是能够对正在进行的工作进行有效的讨论，并且留出充足的时间来完成。

Basecamp 不仅仅是一家投身远程办公的公司，甚至可以说这家公司就是远程建立的。因此对于沟通在完成工作中所发挥的作用，他们的观点旗帜鲜明。在施行得当的情况下，他们已经见证了沟通的强大作用。

该公司成立之初是一家网页设计公司。[46] 对这个公司的很多人来说，2001 年是关键的一年。当时创始人贾森·弗里德（Jason Fried）联系了程序员戴维·海涅迈尔·汉森（David Heinemeier Hansson），想要请他为公司设计一个可以用来管理项目的应用程序。弗里德当时在芝加哥工作，却毫不犹豫地选择了远在哥本哈根的汉森，是因为他觉得这一职位非汉森莫属，而且只需要汉森远程工作。事实也确实如此。他们在沟通和工作协调方面的成功，不仅推动了公司转型为产品公司，而且助力该应用程序成为项目管理的重要工具之一，特别是成了远程团队使用的主要工具。

不久之后，他们的客户在协作网页设计项目时，恰巧了解到汉森开发的项目管理程序的内部结构，并且希望使用这一程序来管理自己公司内部的其他项目。借此契机，弗里德的公司开始将这种项目管理程序作为产品提供给客户——并且与其他的设计服务相比，这款产品更受青睐。所以弗里德决定转型为软件即服务（software-as-a-service）类型的公司，汉森担任合伙人和技术骨干。他们的确在芝加哥设有办公室，但并不要求员工坐在里面工作，甚至也不要求他们住在芝加哥附近。只有十几个人会经常在办公室。弗里德并没有把办公室设计成传统的样子，而是把它作为一个集合了远程办公优点的空间。办公室实行的是"图书馆规则"，提醒人们控制谈话音量的标志随处可见，从而消除那些打扰工作的噪声。[47]

弗里德和汉森甚至还一起写书、接受采访并发表演讲来倡导远程办公。2014 年，他们为了更专注于 Basecamp 的市场营销（没错，Basecamp 既是这家公司的名称，也是其主打产品的名称），卖掉了其他所有产品。

弗里德和汉森不仅支持远程团队，而且极其反对传统办公。只要谈到办公环境会如何影响沟通，他们就尤其坚定地站在支持的立场上。虽然线下团队的交流更多，但这不一定是好事。他们把现代办公室比作"干扰工厂"。2013 年，他们在《重来 2：更为简单高效的远程工作方式》（*Remote*）一书中，为了表明远程办公的必要性时写道："忙碌的办公室就像一台食品加工机，员工一天的时间都被切分成无数小小的碎片。"[48]现代办公室员工的工作日夹在永无止境的会议、同事时常的干扰和从不间断的电子邮件中间（你还没有办法设置邮件免打扰，因为技术人员会禁止你设置电脑的权限），看起来很像深夜电视广告中被厨房设备切成一片片的食物，完全不能进行专注和深入的工作。

有件事可能会让人意外，Basecamp 内部沟通的核心原则是"不可以拒绝沟通"。尽管弗里德、汉森和 Basecamp 的团队都知道办公室是个充满干扰的环境，但远程办公也绝不意味着身处真空之中。有效沟通是完成工作的重要组成部分——关键是要学会有效的沟通方式，同时避免从实际工作中分心。

那要如何达到平衡呢？弗里德和汉森建议说，团队内部沟通应该"偶尔即时沟通，大多数时候非即时沟通"。这一条实际是他们内部沟通指南中的第二个经验法则，揭示了协调远程团队的沟通问题时要面临的一个潜在的重要挑战。

这其实并非一个问题，而是两个问题。

沟通不仅仅是交流，它包含了非即时沟通和即时沟通两种类型。只要规定好在什么时间使用哪一种，并围绕它们制定出相应的规范，就能够在不让任何员工脱节的情况下，降低周围的干扰。接下来我们仔细探究一下这两种类型的沟通，了解它们的适用时间和方式，从而利用它们为你的团队带来优势。

非即时沟通

在非即时沟通中，有许多方法和工具可以使员工保持联系。比如电子邮件、留言板、可评论的共享文档或者群聊。不过无论选择哪种工具，你都需要牢记一件事情：这些都是切切实实的非即时沟通工具，所以要知道对方不会马上回复。

为何要这样呢？其实除非要做紧急决定，否则关于工作方面的沟通很少能像努力工作本身那样富有成效。远程团队的好处主要就是，远程这一特点在理论上为个人提供了长久的不间断的工作时间，从而让成员可以专注于能够实际创造价值的工作。但如果期望远程团队的成员随时都能回复消息，那这种好处很快会消失殆尽。

大多数人在工作日使用最频繁的工具是什么？答案是电子

邮件。2012 年，加州大学欧文分校的研究人员格洛丽亚·马克（Gloria Mark）和斯蒂芬·沃伊达（Stephen Voida）对办公室的工作人员进行了一项研究。[49] 他们发现，那些屏蔽了电子邮件干扰的参与者能够更加专注，而且更有效率，压力也更小。马克和沃伊达首先让参与者在前三天正常工作，以此作为参照，并且利用数字监控软件同步监测参与者在此期间的工作流程。该软件能够跟踪参与者使用了哪些计算机程序以及使用时长。他们同时监测了参与者的心率，作为衡量压力水平的指标。三天结束之后，研究人员在参与者的电脑上安装了一个电子邮件过滤器。这个过滤器可以使参与者收到的所有通知静音，并将所有消息归档到一个专用文件夹以供日后查阅。这种"无电子邮件"的状态持续了五天，在此期间，研究人员也一直记录着参与者的电脑使用情况和心率。

在没有干扰的状态下，除了一名员工以外，其他所有员工在常用的电脑办公程序上花费的时间明显增多，这表明他们在一段时间内更专注于某项工作。尽管他们的工作效率提高数倍，承受的压力反而比之前小得多。他们的沟通习惯也发生了变化，没有来来回回的电子邮件提示音叮叮作响，参与者更愿意选择拿起电话，与同事进行信息丰富的交流。

其实并不是工作给他们带来压力，而是他们不得不经常停下正在做的工作，去讨论本来在做却被打断的工作。

这项研究佐证了一种猜想。员工会感到不知所措，不仅仅是因为收件箱里的电子邮件太多，还因为要查看各种软件的收件箱和网站的消息。无论是电子邮箱还是像 Slack 这样最新的沟通工具，如果要求员工"始终在线"，而且还要迅速回复每条消息，那么就会适得其反。更具体地说，就最具干扰性的沟通工具而言，群聊软件已迅速取代电子邮件成为令人分心的罪魁祸首。

要求员工一直开着群聊，就像要求他们参加一个没有任何议程的全天会议——与会者随意地进进出出，而且只能断断续续地讲话——与此同时还要完成日常工作。[50]

但正如马克和沃伊达的研究显示的那样，如果你依旧要求员工及时回复消息，那么即使不使用最新的群聊软件，回归电子邮件也并不能解决问题。相反，解决方案应该是制定关于沟通频率的共同期望和规范，而且大家要共同遵守这些规则。在大多数情况下，24 小时内的回复是非常合理的默认期望时效。如果需要更快的答复，那么就要在要求中提及此事，或者考虑使用即时沟通工具。非即时沟通应当为你的团队服务，而不是给团队带来麻烦。以下是一些非即时沟通的指导原则。

清楚简洁地撰写信息。 目前已有一些同步分享音频和视频信息的技术，但是尚未广泛使用。因此在未来一段时期，文本沟通仍然是分享信息的主要方式。（不过由此而来的困扰你也知道了……看看你的收件箱就明白。）这意味着拥有高超的写作能力是成为一名出色队友的重要因素。清楚地写作反映出清晰的思维，也是表达观点的最佳方式。采用简单的句子结构，语言尽可能简洁，避免使用生僻的术语，除非接收信息的每个人都对这些词语很熟悉，尽量使用主动语态（除非你是一名律师，故意用诸如"错误被犯下"这样的被动语态来使委托人逃脱罪行）。

不要假设人与人之间存在普遍的共识——甚至基础的认知。 这一原则适用于全员沟通或者给团队成员群发邮件时。如果你需要成员就某件事达成共识，请明确表示出来；如果需要员工发送邮件回执，也要提出来；如果需要在某个特定时间或日期前完成，也请清楚地说明。根据情况，如果在设定的截止日期前还没有收到任何消息，你可以清楚地表述出来，否则就会造成混乱。不要假设所有的员工都对一切心知肚明。可能在短期内，查看每个团队成员的回复会给你的工作增加更多负担；但从长远来看，比起某个项目已经全面铺开几天或几周之后才知道员工对哪些地方心存不满，这一方法反而会节约更多时间。

在写消息时注入正能量。我们在阅读爱人、伙伴或亲密朋友的信息时，很容易误解对方的讽刺或冷幽默。那几乎可以肯定，与不太熟悉的同事分享类似的东西更有可能会被误解。但这并不一定是撰写者的错。研究表明，收到电子邮件或文字聊天等书面信息的人更有可能受到"负面效应"的影响，也就是说，缺乏情感方面的线索会误导读者，使其将信息解读得比撰写者的预期更为负面。[51] 除非情况（或律师团队）需要，否则不要为了一些公事化的东西而忽略使用和善的语气。

同时，阅读他人信息时**要预想对方的本意是好的**。有人可能还没有读完本书（或者还没有读过，你可以随时给他们寄一本），因此可能没有意识到"仅谈事实"的沟通会给人带来冷淡和刻意的感觉。所以当你阅读对方的消息时，给他们的文字加点温度。当出现疑问的时候，往最好的方面想。

在理想情况下，非即时沟通应该成为远程团队默认的沟通方式。这样不仅可以使每个人从会议多、干活少的困境中解脱出来，而且也尊重了团队成员各自不同的工作时间安排。尽管如此，电子邮件、聊天、留言讨论板有时还不能完全满足需要。在这种情况下，我们应该转向即时沟通，不过这也需要一套相应的规范才能行之有效。

即时沟通

在我们需要即时沟通或者实时沟通时，很可能会觉得尖端技术会让讨论工作变得更容易。利用现代技术，你可以举办一个容纳 100 人的线上会议。每个人都可以在虚拟背景下看到彼此的脸，同时还可以随时关注群聊和私人信息，只不过同时还要关注这些软件是否处于静音状态。

然而，这种方式的会议听起来似乎并不是那么有利于沟通。

越来越多的研究表明，视频会议对沟通的改善作用并没有那么大，只是我们以为它们应该是有用的。我们都听过这样一种说法（现已被揭穿）：93% 的沟通是通过非语言交流实现的，而视频通话把肢体语言这一元素也呈现了出来。但事实证明，排除肢体语言的干扰之后，我们会成为更好的倾听者。

在关于沟通的一系列研究中，研究人员迈克尔·克劳斯（Michael Kraus）发现，纯语音沟通能够激发最高准确度的共情能力，即判断他人的情绪、想法和感受的能力。[52] 在一项实验中，克劳斯把将近 300 名参与者分为两组，让其与陌生人配对进行交谈。一组参与者的交谈在光线充足的房间里进行，而另一组在一个漆黑的房间里进行同样内容的谈话。之后，对所有参与者的情绪以及他们同伴感知的情绪进行评估。在收集结果时克劳斯发现，身处漆黑房间里的参与者更能准确地判断同伴的情绪。

在后续实验中，克劳斯设计了许多模仿工作场合的互动谈话。与之前的实验一样，参与者进行配对交谈。但是这一次，他们之间的交谈是通过视频会议进行的。第一组参与者使用纯语音功能进行通话，第二组则打开摄像头进行语音和视频；然后，克劳斯像第一次一样评估了他们和同伴的情绪。正如之前的实验，在只有声音的情况下，参与者能够更准确地判断同伴的情绪。克劳斯的研究结果契合了更大范围的研究，即在准确判断情绪方面，声音比面部表情更重要。

眼睛不是心灵的窗户，喉咙才是。

工作过的人可能都经历过这种情况：在工作场合讨论时，情绪特别高涨。能够准确地读懂话语背后的情绪是一项至关重要的技能。放弃无休止的视频通话，选择使用电话等"老派"技术可能会在更短的时间内实现更有效的沟通。这个结论虽然让人惊讶，但是却有实证支持。

除了提高理解对方话语的能力之外，使用老式纯语音电话沟通的时间可能比视频电话短，这就能够让参与通话的每个人更快地回到实际工作中。因此，当你遇到非即时沟通或短信无法解决的问题时，在查看工作日程邀请对方加入视频通话之前，请先拿起电话。七分钟的电话，远胜过一整天来回发送电子邮件和一小时的视频会议。

所以请记住：**先语音，后视频。**

打开摄像头之前先检查一下自己。 肯定还有要从语音转到视频的情况，特别是如果有多人参与时。如果你能看到所有人，那么读懂他人言外之意会使沟通更有效。在视频的时候要记住，你在视频里的一切对方都能看得清清楚楚。所以你在打开摄像头之前先检查仪表，至少腰部以上要注意一些。在远程办公时，大家对着装要求都比较宽松。但如果你看起来像刚起床，大家就会认为你就是刚起床。此外，可以就视频的背景花一些心思。2020 年新冠疫情封锁期间的一项调查发现，人们确实更喜欢视频电话中真实的房间背景，而不是虚拟的夏威夷夕阳照片。[53]

在摄像头后放置光源。 你身后的窗外可能风景极佳，但与你视频通话的人却看不到。在摄像头进行自动调整时，你可能会变成模糊光线下的剪影。如果你不是某个调查纪录片中的匿名举报人，请大大方方展示自己的面孔。

了解眼神交流方式。 以下专业意见来自一名拍摄过大量视频，并主持了很多网络研讨会的专业人士：不要盯着对方的眼睛，要看着摄像头。通过屏幕看对方的眼睛，会让你看起来像是在盯着对方的下巴或者自己的电脑屏幕，因此说话时要直视摄像头。你还可以在便利贴上画一个笑脸贴在摄像头旁边，以提醒自己记得抬起头来微笑。我开网络会议时会把妻子原本拍的护照相片贴在摄像头旁边。因为这张照片中的她在微笑，所以在办理护照时被拒了……因此，现在我每次看到这张照片都忍不住想笑。

所以记住要看摄像头，不要盯着对方。这样一来，你看起来就会像是在注视对方，而不是在盯着自己的屏幕。明白了吗?

虽然"先语音，后视频"的原则很不错，但是要记住正确的顺序应该是"首先工作，其次语音，最后视频"。现代通信技术绝对令人惊叹，但也容易让人分心。每次你想要沟通事情的时候，不要急着给他人打电话或发视频；而是主动地提醒一下自己，不间断的工作才是远程工作的核心优势，用电话占据员工的时间与这种优势背道而驰。所以在拿起电话之前，请你仔细权衡一下哪种更有价值，是这通电话还是让员工继续工作不被打扰?

提供虚拟茶水间

为沟通设定相应的规范将对团队的效率产生巨大的积极影响。当非即时沟通成为标准沟通方式，且即时沟通降到最低限度时，与线下团队相比，远程团队成员在日程安排上就拥有更多的自主权。但是许多团队发现，线下办公室配备的一个重要沟通场所——茶水间——在远程团队中可能被忽视了。

一天中每个人都需要大脑放空一阵，在茶水间或加热便当的地方闲聊一阵，可以帮助员工调整思绪，以及通过工作以外的聊天内容迅速与同事建立关系。许多远程团队及远程公司都试图以团队聊天室的形式打造一间虚拟茶水间，让团队成员随时可以随心所欲地谈天说地。

我知道，我刚说过反对群聊。

但我之前只是说，不要强迫员工一直开着聊天窗口，而现在恰好是发挥领导力的时候了。虚拟茶水间不是让团队成员要保持时时刻刻的联系，而是让他们都能从片刻小憩中受益，比如聊聊正在追的电视节目，分享一些家人、朋友或者猫咪的有趣照片或视频。大量研究表明，留点"闲聊"和其他非工作性质的谈话时间，确实能提高个人效率——只要没有持续干扰到工作就行。[54]

关键就是要让每位团队成员感受到，他们不需要一直在场，但只要来就随时受到欢迎，自主权仍然在他们自己手里。你只是为他们提供了一个可以闲聊的场所，以保持团队间的联系。

而且在聊天室千万不能讨论工作，否则只会让团队成员觉得他们必须定期来这里，看完所有消息才算完成了工作。

沟通是维持关系的氧气，对远程团队来说更是如此。每位团队成员都会各自努力，但是筹划工作需要经过深思熟虑的沟通。如果没有沟通，团队成员可能会掉入无用的陷阱，或者重复做了他人的工作。每一个出色的远程团队，都对沟通的内容、时间、方式和频率有明确的规范和共同的期望，现在你的团队也有了。

远程团队领导者须知

这一章讨论了很多关于沟通的内容，包括跟团队进行非即时沟通与即时沟通的时机和方式。现在，我们来回顾一下：

- 非即时沟通是标准方式，即时沟通是例外；
- 清楚简洁地撰写信息；
- 不要假设人与人之间存在普遍的共识；
- 在写消息时注入正能量；
- 预想对方的本意是好的；
- 先语音，后视频；
- 打开摄像头之前先检查一下自己；
- 在摄像头后放置光源；
- 了解眼神交流方式；
- 提供虚拟茶水间。

第六章
组织线上会议

我们在之前的章节中探讨过和谐的远程团队如何沟通，而线上会议是整个团队少有的相聚机会。成功的线上会议可以增进员工之间的关系，让他们更清楚地了解手头的任务；而失败的线上会议，就像又臭又长的办公室例会那样令人厌恶。

Wolfram 研究公司（Wolfram Research）也许算不上是规模最大的，但可能是历史最悠久且仍在运营的远程公司。不仅如此，它还是一个高瞻远瞩的公司，在线上会议方面也颇负盛名。别的不说，该公司的首席执行官史蒂芬·沃尔弗拉姆（Stephen Wolfram）在 1987 年创办这家公司时，便成为远程办公的创始人。他曾在美国伊利诺伊大学厄巴纳-香槟分校成立研究中心，希望将研究出的产品推向市场。该大学在计算机方面曾经（现在仍然是）人才济济，只是被低估了，沃尔弗拉姆由此能够在创业初期迅速发掘人才。但是香槟分校的人才库最终还是无法满足他的需求，所以沃尔弗拉姆想在全球范围内招聘，而且当时条件也允许。1987 年业已具备远程合作的技术，何不加以利用呢？

从此公司开始雇用远程办公员工。长久以来，公司运转顺利，也一直使用远程战略来发掘顶尖人才——现在员工团队已经多达 800 人。其实最初是沃尔弗拉姆自己决定要远程办公，以便在家里或任何地方工作。他经常引以为豪地说："从 1991 年起，我就一直远程担任首席执行官。"[55]

该公司最著名的产品，也是自认的王牌产品，就是 WolframAlpha。它是结合了人工智能技术、特定数据源和该公司独创算法的"答案搜索引擎"。如果你曾用过微软公司的必应（Bing）或 DuckDuckGo 等搜索引擎，或者曾问过 Siri 或 Alexa 等人工智能程序问题，那么得到的答案很可能是这些程序借用 WolframAlpha 系统提供的。除了向普通用户提供海量答案外，Wolfram 还以开放公司内部会议供大众观看学习（有时也可以参与其中）而闻名业界。

你没有看错，Wolfram 会直播公司内部会议。

更疯狂的是，观看会议的有数百人之多。沃尔弗拉姆甚至在直播平台 Twitch 上拥有 7000 名粉丝，而该平台的用户基本都是电子游戏玩家。

该公司的线上会议直播史要追溯到 2017 年。作为一家远程公司，Wolfram 的会议几乎完全在线上开展。而且大多数都是主持人共享屏幕的语音会议，而不是满屏小格子人脸的典型视频会议。他们开会一般都是讨论代码或其他设计元素，所以为什么不让所有人都看着代码，反而要看着一个个人脸呢？"我们的会议目标，是尽最大可能完成任务。"沃尔弗拉姆说，"也就是说，收集所有人的意见，得到有利于解决问题的观点和看法。"因此，屏幕共享似乎是最便捷的方式。

Wolfram 长期以来一直实行会议直播，以提高公司的透明度。2009 年，WolframAlpha 推出时，该公司直播了该网站的上线过程。自此以后，公司一直保持直播软件试运行情况的传统。有时沃尔弗拉姆甚至会在写代码时随机开始直播，还积累了一批数量可观的粉丝。"我一直认为我们的内部设计评审会议非常有趣，所以为什么不让其他人来旁听呢？"就这样，他开始了会议直播，一做就是 3 年多。

一个典型的 Wolfram 会议有 2~20 名内部员工在线，如果沃尔弗拉姆也出席，他会为观看会议的观众做个简短的介绍，然后照常进行会议。还有一点值得一提，观众可以通过实时弹幕留言发表建议，通常是向团队提出问题或者进行广泛的讨论，但有时也可能是对会议内容进行评论或提出建议。沃尔弗拉姆说："这就像拥有了一批在线顾问或线上讨论小组，为我们的决策实时提供意见或反馈。""其实在大多数会议中，我们都能发现观众少则能提出一两个好点子，我们也会予以采用。"

每次公司会议都要直播，听起来很可怕，但对沃尔弗拉姆的团队来说，这是一个开创性的成功之举。在其他公司，远程会议通常是领导者非常担心的事情之一，更别说直播给全世界看了。甚至我在和很多公司的领导者谈论远程团队时，听到最多的就是"线上会议没什么用"。

但公平地说，面对面的线下会议也收效甚微。

针对会议的有效性，有一个名为"会议科学"的完整研究领域。但这个研究最初的结果显示，会议的有效性并不如人意。在一项研究中，来自美国和英国的研究人员对全球各级组织的1000多名员工进行了调查，了解他们对会议的实际效果的看法。[56]绝大多数受访者对会议的评价都是负面的。谈及这种员工不得不忍受的集会，他们提到了计划不周全、毫无议程和其他结构性缺点。少数积极的评论主要是关于开会的原由，比如解决问题或塑造公司文化。显然开会这件事情不会立即消失——人们认可举办会议的价值，只是在会议的执行过程中，所有这些价值似乎都消失了。

在线上会议中，这些积极因素和潜在的消极因素会更加明显。线上会议可能是一周或一个月中整个团队能聚在一起的唯一时间，是你能让员工感受到集体感的最佳机会。不过，如果员工开完会后觉得"整场会完全可以用一封电子邮件解决"，那么也会影响他们对整个团队的看法。

此外，员工需要参加的会议的数量也会影响他们对每次会议效果的认知。2019 年，猫头鹰实验室（Owl Labs）公司进行了一项关于远程办公状态的研究。[57] 研究报告显示远程工作人员每周参加会议的数量比线下员工更多。14% 的远程工作者表示，他们每周要参加超过 10 次会议，这个数字相当庞大。问题的根源在于团队对会议的错误假设，即认为开会是团队沟通的最佳方式。但在上一章中我们已经讨论过，视频会议应该是解决问题的最后方案，不能轻易使用，这样每次开会才能让团队觉得会议的效率很高——因为线上会议本来就应该如此。

因此在本章中，我们将逐步指导你如何规划、开展一场有效的线上会议，并且提供一些主持会议的黄金法则。合理地计划、组织，以及跟进会议，是确保员工认可团队和领导者的关键。

8 个步骤组织高效的线上会议

以下便是组织完美线上会议的 8 个步骤，无论是团队的第 1 次线上会议，还是第 47 次。

1. 带着目标去规划。"定期开会的时间到了"并不是一个充足的理由。每隔一段时间，你想让所有人一起聚聚，这可以是一个合理的理由。但即便如此，你还是要提前通知团队成员。正确的目标会让规划过程更顺利，因为参会者能对将要讨论的内容有真切的期望，并可以进行相应的规划。召开会议的其他可行理由还包括：对某个问题展开讨论、提出想法、做出决定，或者实时协作完成一份文件。每次会议只针对一个目标，如果问题不止一个，你就该考虑组织两次会议，即使在同一天也无妨。

2. 精简参会人员。 不是团队中的每个人都要出席所有会议，你每次发出会议邀请，其实都会妨碍他们处理真正想做的工作。请记住，1 小时的 9 人会议的成本不是 1 个小时，而是 9 个小时。随着会议人数的增加，会议的有效性通常会下降。所以你要明智地利用员工的时间，参会者名单越短越好。

3. 制定合理的议程。 每次会议都应该准备一份议程，而且要正确合理。研究表明，仅有议程并不会改变任何人对会议有效性的看法，重要的是议程内容是否合理，以及会议是否按照议程举行。[58] 同时，议程不要使用太抽象的标题，而是用问题的方式呈现。例如，将"营销问题"改为"如何在减少广告预算的同时保持收益不变？"，或者是把"随便聊聊"改为"有哪些重要的信息需要分享？"。问题式标题有两个好处。第一，当你发布议程时（务必要提前发布），人们就有了相应的情绪基调。第二，问题式标题可以让每个人都清楚会议是否真的有效。如果问题得到了解决，那就是一次真实有效的会议。

4. 提前 10 分钟开启会议通道。按理说每次会议都应该准时开始，但是设想一下线下会议的火热场景，你就能明白善用会前时间有助于提升团队关系。线下会议中，关系的建立可能是因为参会者能一起从工位走到会议室，也可能是因为他们提前到会议室聊天。而在线上，如果你准时开始会议，就无形中剥夺了团队的社交时间。所以提前 10 分钟开启会议通道，并告知团队可以随时进入。在这 10 分钟，你还可以问一些问题，鼓励参会者分享现实经历。（如果会议提前 10 分钟开始，你要提前 10 分钟登录会议平台。当你的同事正在分享宝宝学会走路或者刚过去的假期时，你肯定不想焦头烂额地去解决无法登录之类的技术问题。）

5. 利用会议记录。你不必每次开会都遵守复杂的《罗伯特议事规则》（*Robert's Rule's of Order*）[1] [59]，而是应该指派一位记录者（而不是主持人）来记录会议的讨论内容。尤其要记

---

[1]　由亨利·马丁·罗伯特撰写的一本关于美国国会会议并适用于任何组织、协会、俱乐部或团体会议制定会议程序和与会者规则的书。——编者注

录下之前没发现的问题、新的想法和决策，以及相应的解决措施。谁在哪个时间点说了什么并不重要，重要的是要记录下参会者提出了什么想法，以及谁承诺对这些想法采取什么行动。

6. **不要离题。** 随着会议的进行，一定要保证讨论不要离题，并坚持执行计划好的时间分配。一旦你稍不注意，那些在谈话中占据主导地位的过度分享者就会让讨论迅速跑题；还有些假装问问题，但实际上只是想秀出长篇大论的人也会让会议跑偏。会议安排有着明确目的，因此你要打断他们，让他们克制自己的分享欲。如果有人迟到了，你也不需要浪费时间重复介绍之前讨论的内容。他们有会议议程，也可以随时观看会议回放或阅读会议记录。

7. **结束时进行总结。** 随着会议接近尾声，你要及时拉回所有人的注意力，并快速总结会议内容。如有需要，你可以让指定的记录者回顾会议记录，或者简单地捋一遍议程中的问题，并询问每个人是否已经得到了答案。最后，确认需要跟进的员工是否理解。如果可能的话，最好敲定每个行动方案的提交时间。

8. **别急着关闭会议通道。** 按时或提前结束会议，但不要立即关闭会议通道。就像你提前几分钟开启通道一样，结束会议后一样可以让人们继续进行交流。如果你是线上会议的"主持人"，你可能必须等到所有人都离开会议；但如果你需要专注于其他事务，你可以选择静音并关闭摄像头。

另外，会后一定要发送会议记录，并且让人们知道如果错过了会议，可以在哪里观看或收听回放。你也可以向团队成员询问会议反馈，这样可以帮助你根据他们的喜好做出调整，以此改善下一次会议。

改进线上会议的小建议

如果遵循了上述步骤，你的会前时间和会后的很长一段时间，都会被员工认为是有价值的。不过这里还有一些小建议，可以帮助你更有效地规划和组织线上会议。

分担不便。如果你领导的是一个分散于全球的团队，或者团队成员分散在一两个大洲，那么时差就会成为一个重要问题。如果你总是在自己方便的时候（甚至是多数人方便的时候）安排会议，那么就是在传递这样的信息：那些倒时差抽出时间来开会的人对团队来说是不重要或不值得考虑的。所以，你要让整个团队分担时差带来的不便，定期轮换会议时间。每个人都要偶尔倒一下时差，但每个人都觉得与团队紧密相连，这对团队很重要。

不抛弃任何一个人。就像分担不便一样，如果团队中有一个人不能赶赴线下会议，那就开线上会议。也就是说，如果有一个人只能线上开会，那所有人都参加线上会议。如果开会时，有几位参会者在会议室里，而另几位参会者只能在屏幕上露出头部，这样就在无形中赋予了坐在会议室里的参会者更大的权力，并可能让线上的几位觉得自己低人一等，这会妨碍后者对会议做出贡献。另外，如果每个人都参加视频会议，那么请让大家都打开摄像头，除非有足够充分的紧急事由。先前我们讨论过纯语音交流的好处，但是在开会时，我们需要很多视觉线索来协调讨论并感知整个团队的情绪水平。如果有人不能在会议中与其他成员坦诚相见，就有可能无法专注于会议。这时就需要回到第一个建议，规划合适的开会时间。

控制发言时间。诚然，在线上会议中花些时间说明新信息，让每个人掌握的信息一致，其价值不可否认，但是时间不宜过长。所有会议真正有价值的地方都在讨论过程中显现，线上会议尤其如此。一个人演讲的时间过长，会让团队成员对会议抱有随意、轻视的态度，然后退出去做一些真正的工作，或者去玩手机。因此即使需要发言，你也要鼓励发言人不时停下来提问，进行简短的讨论，以重新吸引听众的注意力。

鼓励交流时互提姓名。说到吸引注意力，没有什么比听到自己的名字更能吸引人了。叫名字可以吸引那些还没有参与到谈话中的人，让他们感到自己被重视。但同样要立好规矩，让每个人在说话之前都先自报家门（如"我是戴维，我们来聊聊……"）。这样有助于让发言者有存在感，并让听众清晰明了，还能让你更容易从参会者中找出谁在发言。

从积极的事情开始讨论。开会和很多事情一样，都会受到第一印象的影响——最先提到的事情更容易被记住。（你还记得"分担不便"，对吧？这是本节中的第一项。）被记住的不仅有内容，还有情绪。因此以积极的态度开始，人们就会记住这是一次积极的会议。事实上甚至有研究表明，会议也有传染效应——也就是说，如果团队的领导者一开始就带着正能量，那么随着时间的推移，这种正能量和积极情绪也会传染给团队的其他成员。

适当休息。视频会议可能会让人筋疲力尽，不同原因造成的"视频疲劳"已成为普遍现象。视频疲劳是指我们的大脑在长时间面对着一张大脸或密密麻麻的小脸后会感到疲劳，甚至出现更严重的不良反应。斯坦福大学（Stanford University）教授杰里米·拜伦森（Jeremy Bailenson）开展的一项研究发现，视频会议会扰乱我们的个人空间感，甚至引发恐慌反应。[60] 在视频会议中，我们认为的某人在个人空间中的占比，很大程度上取决于他在屏幕上的脸的大小。大脸会让人觉得别人离得很近，甚至会让参与者产生类似于"打还是跑"的应激反应。而满屏小脸看起来就像远处的人群——而且全都盯着自己。这两种情况对我们的大脑来说都不是那么舒服。因此，在长时间的会议中，需要频繁的休息来舒展身体、放松眼睛，或者分割屏幕，加入幻灯片和其他刺激大脑的视觉元素，这些都有助于减少视频疲劳。

拆分团队。如果你的团队太大，所有人都要参加线上会议，可以考虑留出时间进行分会场讨论。这样可以提高每个人的参与度，防止过度分享者主导谈话。只要你能够提纲挈领，注意到每个分会场里的宝贵想法，并带回主会场集中讨论即可。

打开聊天对话框。理想情况下，对话框里的讨论和滚动留言应该越少越好，以便参会者专注于会议。但总有一些时候，有人需要向主持人发送简讯，即时共享资源，或者解释他们不得不临时退出的原因。上述情况最好能在对话框中说明，而不是打断讨论进程。

将这些小建议与之前的 8 个步骤相结合，你可以挖掘出团队中每个人的奇思妙想——而不是让他们觉得只需要一封电子邮件就能解决问题。顺利的线上会议是整个团队交流的最佳机会，能促进同事之间形成真正的凝聚力和合作力，无论他们距离远近。

远程团队领导者须知

我们在本章集中讨论了高效的线上团队会议的规划和开展。现在，让我们快速回顾一下。8 个步骤组织高效的线上会议：

- 带着目标去规划；

- 精简参会人员；

- 制定合理的议程；

- 提前 10 分钟开启会议通道；

- 利用会议记录；

- 不要离题；

- 结束时进行总结；

- 别急着关闭会议通道。

改进线上会议的小建议：

- 分担不便；

- 不抛弃任何一个人；

- 控制发言时间；

- 鼓励交流时互提姓名；

- 从积极的事情开始讨论；

- 适当休息；

- 拆分团队；

- 打开聊天对话框。

第七章
创造性思考

人们一直认为创造性思维是个人努力的成果，在远程工作环境中对此更加深信不疑。但是创造力在团队合作中才能发挥出最大作用，而且需要的不仅仅是一场"头脑风暴"会议，而且是一个深思熟虑的解决问题的过程。当团队成员分散在不同地方时，这个过程也并非不可行——事实上，一些最妙的创造性观点也可以在远程团队中产生。

"呼叫休斯敦，我们有问题求助。"宇航员杰克·斯威格特（Jack Swigert）发出了令人不安的求助信号。[61] 就在 9 分钟前，"阿波罗 13 号"的机组人员刚刚结束了一场直播，他们带着观众参观了太空舱，并祝大家晚安。随后，机组人员听到一声短暂的巨响，并感觉到异常的震动，于是马上用无线电向地面控制中心发送了求救信号。几分钟后，指挥官吉姆·洛弗尔（Jim Lovell）向窗外望去，看到其中一个舱门有气体漏出。是氧气！一个燃料舱爆炸了，珍贵的氧气正快速泄漏到太空中。

远程团队史上最著名的一次解决重大问题的行动就这样开始了。三名宇航员通过无线电信号与地面上的数十名队友合作，全力制订了一个确保三人安全返回的计划。几个小时后，宇航员们强烈要求终止整个登月计划，并从中央指挥舱转移到较小的登月舱。指挥舱靠燃料运行，而且需要氧气罐来提供动力。而登月舱是靠电池运行的，经过一些调整，它便有足够的动力完成刚刚审核通过的返航指令，同时也储存了足够的维持生命的氧气。

但有一件事登月舱无法完成，它无法排出三个人在返回地球所需的 96 小时内产生的所有二氧化碳——登月舱的碳净化器最多只能过滤两个人在 36 小时内产生的二氧化碳。二氧化碳本身是无毒的，但由于它比空气重，会取代空气，所以在封闭的环境中，人类每次呼吸到的氧气会越来越少，最终导致窒息。不过也不是没有解决办法：断电的指挥舱有额外的净化器，可以运送过来。

但是问题没那么简单。

登月舱里的碳净化器是圆形的，但指挥舱里的净化器和过滤器都是方形的。宇航员和地面控制中心不得不想办法把方形的物体卡进圆形的孔中。在极短时间内，地面工作人员便想出了解决方案，能让宇航员用飞船上的零部件，将临时适配器装在登月舱的碳过滤器上从而完成安装。他们的方案非常有创造力。宇航员们通过无线电收到的材料清单只有太空服零件、备用袜子和宇航员飞行手册的硬质封面，教程上的步骤有点像"把袜子塞进方形净化器中心的通气孔"这类看似无厘头的指令。[62]

但这确实奏效了。

宇航员们圆满完成了教程中的 19 个步骤,"邮箱"(他们对净化装置的称呼)顺利安装,并能长时间使用。宇航员加速飞离月球爬回指挥舱,在重返地球大气层并坠入太平洋之前,将登月舱合理放弃。[63]虽然有些狼狈,但他们还是活下来了,多亏了这一个别出心裁的解决方案。

当然,希望在你领导团队期间不用面对如此高风险的难题,但所有领导者都需要帮助团队进行创造性思考,通过合作解决问题。届时,你可能想把所有人召集起来开个会,拿起白板笔,并尽情表达观点。但是在"阿波罗 13 号"任务中,他们并没有召集团队开会的条件。而且更重要的是,在会议室内催生创造性思维这个方式可能并不是一直实际有效。

我在我的第一本书《创造力神话》(*The Myths of Creativity*)中曾写道:"创造力是一项团队运动。"[64]因此在本章中,我们不仅会讨论领导团队进行创造性思考的最优步骤,还会讨论应该何时召集整个团队。我们还将分享一些典型案例,以帮助你激励员工提出最妙的观点,并确保每个人的观点都得到重视。

在视频会议中能进行头脑风暴吗？

谈及团队的创造性思考时，本节标题提出的问题或许是我最经常被问及的。面对一个自己无法解决的问题，大多数领导者的第一反应就是召集团队，开始头脑风暴——虽然没什么用，但每次都会尝试。美国企业界通常都把创造性思考等同于开一场头脑风暴会议，就是让所有人在一个小房间里待一小时，尽可能多地提出观点。

但研究过世界上最具创造力的公司后，或是进行创造性思维研究时，你很快就会发现端倪。创造性思维不是一次会议，而是一个过程。头脑风暴，或者其他快速产生观点的方法，是过程中的一部分，但并不是全部。事实上，真正的创造性思维在开会之前就已经开始运转了。

在视频会议中能进行头脑风暴吗？当然可以，但又没那么简单。不仅如此，在解决问题的过程中，要开的不仅仅是头脑风暴会议。为了创造性地解决问题，促使远程团队扬长避短，你可能需要在整个过程的至少三个节点上举行会议。

研究表明，要做出最佳决策，需要把大型会议分割为多个小型会议。在一项经典的社会心理学研究中，研究者要求参与者参加一场非传统的决策会议。[65] 在小组做出统一决策后，研究人员告知他们需要再开一次会，再做一次决策。同时，小组没有得到任何关于他们第一个决策的反馈，也没有得到任何指示需要做出不同的决策。但大多数小组第二次的决策都与第一次有所不同。此外，与第一个相比，第二个决策通常包含更多讨论的观点，总体上更有创意。可能是由于人类喜欢合群的心理[66]，开会的时候，我们往往会围绕第一个似乎可以引起共鸣的观点大肆讨论，一是想得到每个人的赞同，二是想尽快结束会议。与会者为了迅速达成共识而牺牲了真正的辩论和思考。将长会拆分成几个目标不同的短会，有助于防止这种恶性的牺牲。

所以当你需要和团队一起创造性地思考如何解决问题时，不要安排长时间的会议，而是在几天内安排三个会议：问题会议、观点会议和决策会议。[67]

从问题会议开始。 问题会议的目的显而易见：讨论问题。当第一次遇到一种情况时，我们其实只能看到另一种潜在问题的表象。问题会议的目标应该是退后一步，找出真正的核心问题。在讨论过程中，我们应当尽可能地吸纳对此问题有所了解的人，并给予他们充足的时间分享观点。丰田佐吉的"五个为什么"方法或石川馨的鱼骨图在这个环节都行之有效。（如果你不熟悉这两种方法，十分有必要快速搜索了解一下。）但最重要的是，这次会议应集中讨论问题的潜在原因和制约因素，尤其是后者。虽然我们可能会把创造性思维理解成无限的观点和发散的思绪，但许多研究都表明制约因素实际上能提高我们的创造力。[68] 此外，它还能为之后的解决方案提供评价标准。与其完全"跳出框架"思考，不如利用这次会议来决定在哪个框架内思考。一个简单的问题就可以描述这个框架的内涵："我们怎么做才能 _____？"空白处是你发现的根本问题。比如"我们怎么做才能在不增加营销成本的情况下增加销售额？"或者"我们怎么做才能减少部门间的沟通失误？"开放式的问题是为了提醒人们存在多种可能性——我们的工作不是要找到"正确"的答案，而是为了发现所有可能性，然后选出最好的一个。

接着是观点会议。一旦问题确定下来，我们就可以召开观点会议了。这是最像头脑风暴的会议（在下一小节中，我们会提供一些促进观点会议的技巧）。但在你畅所欲言之前，也要确定是不是选对了合适的参会者。根据问题的不同，参会者可能与之前开问题会议的人相同，也可能不同。在问题会议上，我们会问："谁了解这个问题？"但在观点会议中，我们需要确保参会者更加多元化。由于你已经找到了问题的根本原因，并注意到比预期更多的利益相关者，那么除了增加新的参与人员，你还应该问自己："有哪些人经常被排除在会议之外？"之后，邀请那些没有正当理由却被排除在外的人（头衔不够、职位太低、资历太浅，或者受其他许多不必要的陈规所限）。会议开始时，你可以先进行简短的介绍。因为如果参会者名单是正确的，那几乎肯定是来自不同团队，所以要确保每个人都熟悉其他人的背景和相关经验。然后简要地概述你发现的问题、制约因素、刚刚提出的核心问题（"我们如何才能＿＿＿＿＿＿？"），以及讨论的基本规则。根据你的团队和问题的差异，这些基本规则可能会有所不同。但至少应该有一个指导方针，鼓励每个人发言，尽量减少干扰，并将批评集中于观点上。观点会议的目的不是找到最终的解决方案（那是下次会议的目标）。然而一旦有了诸多想法，就值得多花些时间缩小合理选择的范围，从而使决策会议更加顺利地取得成功。

以决策会议收尾。 最终的会议是决策会议，并不需要单独找一天举行——当然，如果参会者名单会有巨大变化，那另当别论。但在观点会议和决策会议之间应该有一些休息时间（会间休息、午餐休息或自发性休息）。休息能够重置思维，避免围绕第一个引起共识的观点继续讨论，并能让参会者对已有观点产生新的思考。此外，如果有些参会者参加了观点会议，但不需要参与决策，会间休息也能给他们退出的时间。刚开始时，不要直接进入观点讨论，可以回顾一下问题、制约因素或其他用来判断观点价值的标准。如果观点选项过多，可以考虑进行一轮投票，排除不符合标准的观点——不要使用投票的方式对剩余的观点进行"排序"。如果选项不多，那就直接依次讨论每个观点。不要只谈论观点的利弊，要确保每个人都考虑到执行过程。对于每个观点，我最喜欢提的问题是"怎样才能让这个想法切实可行"，[69] 这个问题是让每个人在评判一个想法的新颖性和实用性时，都要考虑实际环境。

依次讨论过每个观点后，团队可能已经选出某个最佳选项或选项组合，如果暂时没有也无大碍，继续讨论来排除多余观点。如果还是不能达成共识，仍然没有关系，其实努力探寻比盲目寻求共识要更好。如果在做出决策时仍有一些人不同意，这其实是个好迹象，表明大家在仔细研究各种相关问题。如果大家还没有讨论充分，这种共识其实可能是由盲点或回音室效应①导致的，而不是观点的完美呈现。但你需要确保每个利益相关者在会议结束时都觉得自己的观点被认真听取了，并且愿意执行决策（即使最终决策并不是他们的第一选择）。

---

① 指在一个相对封闭的环境中，一些意见相近的声音不断重复。——译者注

这三场会议可以确保你充分研究问题，提出多个解决方案，并得出一个可能的最佳结果。诚然，安排三场单独的会议、邀请三批不同的参会者，听起来似乎有点麻烦。这确实需要更多的前期工作，而不仅仅是通过视频空谈。但从长远来看，它很可能会节省后续大量的时间和精力——毕竟在那些漫长的会议上最有可能得出的观点是："我们需要进一步讨论这个问题，所以再安排一次后续会议。"

观点激发，主持人是关键

花些时间精心策划上述三场会议，将有助于激发团队的创造性思维。但是在会议流程中，合适的会议主持人是激发所有创造性思维的关键因素。作为团队领导者，你是会议主持人的默认最佳人选。但如果你不主持，就一定要向主持人简要介绍一下，如何能够最有效率地组织会议。为此，不管开哪场会议，你都要记住以下几点。

会前先热身。尤其对于观点会议，最好以一个简短的热身活动开始，让每个人都准备好快速而激烈地输出观点。热身可以激活"创造力肌肉"，当然它也可能并不存在。更重要的是，热身活动可以帮助团队成员适应彼此，互相尊重，互相回应。这有助于创造一种心理安全感，防止参会者过度考虑自己的观点。我用过各种各样的热身活动，从开发常用物品的新用法，到故意对常识性问题做出错误的解答，再到让每个人分享他们喜欢的"会议失败"的经历。你不需要花太多时间，不过只要开展了这项活动，就有可能在后续的观点爆发时获得回报。

打开摄像头，关闭静音，关掉消息提醒。如果一切顺利，会议将是充满生机的。在面对面的环境中，我们会依靠很多视觉暗示向团队发出自己想要发言的信号，同时也能确保不打扰别人。在线上会议中，这些暗示很难被看到。如果有个别成员静音且关闭了摄像头，这种传递更是不可能达成的。所以至少在讨论环节，要让每个人都能看到和听到其他人，并建议参会人员关闭所有无关消息的提示，防止分心。同样，你自己也要关闭会议的消息提示，这样即使有人意外退出再重新进入也不会打扰其他人。如果你能排除干扰，就能确保思维的顺畅流动。

观点并无好坏——但假设可能会出错。头脑风暴会议一个常见的"规则"，就是"没有糟糕的观点"。但不得不承认，有些想法真的很糟糕。而且，若在观点会议上不指出观点的糟糕之处，可能参会者就会开始提出各种不切实际的观点（不一定是坏观点），或者开始大肆否定他人的观点（这绝对是件坏事）。近期越来越多的研究表明，这种"没有糟糕观点"的心态甚至会事与愿违。而在一些研究中，研究者鼓励参与者反驳一些观点、拒绝站队。[70] 这往往会激发出大量新的观点，也提高了观点的质量。关键是要确保人们批评的是观点背后的假设，而不是观点本身。换句话说，讨论的是结论背后的基本"事实"是否正确。此时，"我不同意"变成了更有效果的表达："这是一个有趣的观点，但听起来像是基于 _____ 的假设。你确定这种假设是正确的吗？"不要去争论另一位参与者是否从同样的事实中得出了错误的结论。这有助于使辩论集中在观点上，并避免个别参与者感到被评判，从而关闭思考的大门。

善用沉默。你在参加喧闹嘈杂的头脑风暴会议时，一定想过肯定有更好的解决办法，事实上也确实如此。越来越多的研究表明，增加沉默思考和反思的时间会增加观点分享的数量，并提高团队的整体创造力。特别是在线上会议中，每次发言只能听到有限的声音——而且通常只有一个。在这些情况下，健谈的人及气势逼人的人往往会主导整个谈话，此时就应该增加一些沉默思考的时间。[71] 你可以用简短的无声思考开始会议，也可以鼓励团队在参加会议之前想出一些观点。更好的办法是鼓励他们匿名提交观点，这样可以消除人们对评判的恐惧，进一步减少对潜在观点的自我审查。

利用分组讨论拆分会议。参会者越多，每个人表达观点的时间就越少。当参会人数超过 6 人时，你就有错过一些观点的风险。这就是善用沉默能产生良好效果的原因，也是需要分组讨论的益处所在。大多数视频会议平台都有"分组讨论"功能，允许会议主持人将参会者分配（或随机分配）到更小的线上会议室，并在规定的时间把他们召集回来。为了使此功能发挥最大效果，你在回顾了会议的目标和目的（观点会议的问题和制约因素）之后，就可以将参与者分配到限额 4 人的房间，并向他们明确说明分组讨论的持续时间，以及从分会场整合观点并带回主会议场讨论的方法。很多人使用聊天功能来进行观点整合，但我认为所有人协同编辑一份共享文档效果更佳。如果你使用的会议平台没有分组讨论功能，也没有问题。你只要提前和分会场主持人协调好，让他们负责发起单独的视频会议，然后邀请其他人加入即可。

组队分享。即使你的会议规模较小，仍然有其他方法进行分组讨论。当大家思考观点时，试着把他们组队并安排至单独的聊天室中。你无须顾虑太多，只要把他们分到线上聊天室，让他们开始思考新的想法即可。邀请大家与新队友分享观点，并记下在会议室里产出的所有思维火花。结束分组讨论、返回主会议时，不要让他们分享自己的观点，也不要让一个人分享队里的所有观点，而是让他们分享各自队友的观点。这就可以消除可能产生的自我审查，并且可以保证每个观点背后至少有另一个支持者。你甚至可能会发现，分享者在分享他人观点的时候还会补充一些新的想法。无论你使用的是传统的头脑风暴还是其他方法，"组队分享"都是卓有成效的。

利用投票快速排除观点。 决策会议中有可能导致停滞不前的情况之一，就是过度讨论各种观点的利弊，最后发现时间只够认真考虑三四个观点。因此如果选项很多，可以增加一轮投票进行筛选，以此来缩小讨论范围。在此过程中，参与者使用书面投票（或在线投票）为他们的第一、第二和第三选择投票——排名越高投票权重越高，得票最高的观点在这轮投票中"胜出"。但这并不重要，重要的是，如果有哪些观点没有获得任何投票，就可以在继续讨论前将其排除。

在主持会议时使用这些方法，可以帮助会议更顺利地进行，并使观点的质量和数量都更上一层。此外，上述方法能让所有参与者感到更有参与感，更有可能在接下来的讨论中做出贡献。

在远程工作环境中，人们容易认为创造性思维是个人努力的成果。然而虽然个人可以产生观点，但当观点碰撞组合时，真正的奇迹才会发生，并会孕育更多新观点，而只有团队能为此提供土壤。知道何时以正确的方式举行会议，以及如何运行会议是至关重要的议题，且在远程工作的实际环境中，更有可能实现。

远程团队领导者须知

在帮助员工进行创造性思考时，你有很多需要考虑的事情。现在，让我们快速回顾一下远程团队领导者须知：

- 从问题会议开始；

- 接着是观点会议；

- 以决策会议收尾；

- 会前先热身；

- 打开摄像头，关闭静音，关掉消息提醒；

- 观点并无好坏——但假设可能会出错；

- 善用沉默；

- 利用分组讨论拆分会议；

- 组队分享；

- 利用投票快速排除观点。

第八章
绩效管理

远程时代的绩效管理，就是要摒弃出勤等同于工作效率的观念。因此，明智的远程领导者内心非常清楚，他们的工作就是帮助团队设定目标、跟踪进度、获得相应的反馈，从而尽力做好自己的工作。本章将讨论你如何给团队提供支持，而不是背后监视他们是否有在认真工作。

对 Actionable 公司的团队来说，似乎所有项目在交付最终产品时与预期想法都不太一致。[72] 虽然令人困惑，但这也是 Actionable 公司成功的秘诀。创始人克里斯·泰勒（Chris Taylor）解释道："我们最重要的绩效管理方法，就是训练我们的团队坦诚分享。"[73] 事实上，这个方法正是 Actionable 公司的创立之本。

2008 年，泰勒创立了 Actionable。它那时还算不上是公司，更像是一个小项目。在职业生涯的早期，泰勒其实很难获得人们的关注。为了改变这种情况，他决定每周阅读一本著名的商业图书，把对图书内容的总结和反思发布在自己的网站上，而且尝试把书中的内容运用到实践中。从本质上讲，泰勒就是在向每个访问者坦诚地分享。到 2008 年年底，泰勒的网站的访问量增长到了数万人次。这些人都想改进自己的工作，改善生活品质，而泰勒的总结恰好给他们提供了很好的学习方法和采取行动的决心。

不久之后，人们开始邀请泰勒在会议上发言，或者邀请他主持公司内部的研讨会，帮助员工把从他网站上学到的内容应用到工作中。既然这些内容对泰勒有用，对成千上万通过采取行动，而不是仅仅苦啃书本来改善自己工作和生活的人有用，那么对工作团队和整个公司来说肯定也有用。借助这个契机，泰勒很快就把自己之前发布在网站上的内容整合为系列在线课程，帮助管理人员在负担不起现场培训的情况下，也可以对团队展开培训。这项业务又可以为其他公司的培训师提供资源，为不同团队提供持续学习和应用知识的机会。虽然此时泰勒已经辞掉了其他工作，专注于 Actionable 项目，但剧增的工作量使他无法继续单打独斗。他需要招募一个团队，并成立一个真正的公司。

公司创立时，泰勒并不想让地理因素变成阻碍。"从公司成立的第一天起，我们就处于远程办公的状态。"他回忆道，"我的总体理念一直没变，就是找到最优秀的人才，然后想办法与他们合作，无论他们住在哪里。"随着 Actionable 的发展，公司已经拥有超过 40 名员工，分布在大半个地球的不同区域。

在召开全体会议讨论下一个大型项目前，这些员工平时基本都自主完成短期项目。

为了管理项目和绩效，Actionable 推出了在线日程表。该公司将一年分为三个季度，通过简单的数学计算即可知每个季度长达四个月。在每个季度中，团队会做两个为期六周的短期项目，中间会花一些时间进行反思、重新对接和计划。公司的每个团队都设定了年度目标，然后是季度目标，最后是短期可交付的项目目标。

但短期项目结束时交付的成果可能看起来与最初的想法不太一致，这是可以理解的。"根据整个短期项目中学到的东西，员工对实际工作的想法会有改变。"泰勒解释说，"这没关系，我们关注的是结果，而不是细枝末节。我们要确保交付的东西都符合项目的最终目标——即使它与我们最初规划的路线不太一致。"

关注结果，而不是细枝末节。

这听起来固然不错，但是如果你布置了一项任务，六周之后，员工却交出了一个与你的期望大相径庭的东西，这不同样令人无法接受吗？这就是坦诚分享的意义所在。Actionable 的每位员工都需要定期分享他们的项目进展，推广成功经验，并在陷入困境时积极寻求帮助。所有团队每周举行一次推进会议，在会上互通信息、讨论问题、跟踪进度。该公司每月举行一次员工大会，审核本季度已经实现的进度和做出的调整。此外，所有团队成员每两周都要接受团队领导者通过电话进行的教练辅导谈话。

泰勒随即指出，这个电话不是为了评估绩效。"我觉得那些都是胡说八道，"他说，"传统的绩效评估扼杀了平等的对话，更像是一种炫耀——高高在上地故作姿态或是员工为自己的失误匆忙辩护，而不是讨论和学习。但我们确实需要一种向员工提供反馈的方式。"因此，教练辅导谈话就成了回顾项目进展及讨论如何消除障碍从而达成短期项目目标的方法。随后，团队领导者可以把讨论的内容加入电子表格，进而跟踪该短期项目的最新进展或需要改进的地方，这样每个人都可以实时看到他人的工作进度。最重要的是，每个有余力的人都可以去帮助其他陷入困境的同伴。

对 Actionable 来说，这个体系也许并不完美——但非常合适。泰勒和整个公司都知道，这种情况会随着时间的推移而改变，甚至绩效管理的方式也会随着他们的进一步发展而变化。但是泰勒深知，他们必须建立一个不需要大费周章的系统，来处理面对面团队中要做的烦琐事务。

人们身处同一个空间时，可以经常彼此坦诚分享。可以走到别人的工位旁或是一起去休息室聊聊天，了解彼此遇到的挫折和进展。而管理人员经常"四处走动"，往好了说是定期与员工沟通，说不好听一些有点像监视办公室里的员工——为了确认他们都老老实实地坐在办公桌前，也没有"摸鱼划水"看视频。

不幸的是，许多被迫转向远程办公的公司，试图通过揪住员工的错误来管理绩效：安装监视员工的软件，就像办公室里最让员工头疼的经理一样。由于新冠病毒来袭和随之而来的在家办公浪潮——监控软件的销量直线上升。突然间，公司的每台电脑都装上了监控软件，用来监视员工使用了哪些程序及用了多长时间。

安装监控软件绝对不是个好主意，不管出于什么原因。一方面，它们其实只能看到员工是否使用了公司规定的程序，但根本无从得知他们工作的时候是不是专心。也就是说，它们关注的是行为，而不是结果。此外，大量研究表明，这些监控软件会带来一些意外的后果。2017 年，由美国贝勒大学（Baylor University）约翰·卡尔森（John Carlson）领导的研究人员想要预测员工的离职倾向。[74] 他们发现，公司使用监控软件会明显使员工的压力增大及工作满意度降低，并导致员工离职意向高涨。2019 年，位于芬兰的于韦斯屈莱大学（University of

Jyväskylä）的研究人员也有类似的发现。[75] 对员工的电子监控确实增加了他们的外在动机（为了获得奖励或避免惩罚而工作的动机），但是从长远来看，这极大地降低了他们的内在动机（为了工作的乐趣而工作的动机），以及他们的创造性思维能力。这些研究透露出的最重要的信息是，那些知道自己被监视的员工，其实不太可能为公司付出额外的努力。

远程团队的所有绩效管理计划，都必须建立在信任和自主的基础之上，而不能依赖监视软件。你也不是每天都和团队成员一起坐在办公室里（况且电子监控也不管用），所以你必须相信他们自己知道如何完成手头的任务。

这一观点颇有道理，因为组织心理学家数十年的研究已经证明，工作中的自主权能让员工更有动力、更高效、更投入。美国罗切斯特大学的两位教授爱德华·德西（Edward Deci）和理查德·瑞安（Richard Ryan）于 20 世纪 70 年代开始相关研究。两人开始进行实验，以找出真正激励人的东西——这一实验最终发展成名为自我决定论的理论。自我决定论的核心就是自主性——个人有能力自主决定工作的内容和方式。这与许多体力工作，乃至脑力工作的现状形成鲜明对比。在现代社会，人们仍然受到善意领导者的"微管理"（micromanaged）。领导者认为，规定任务并明确指出完成的方式将有助于员工取得更好的绩效。德西和瑞安撰文写道："自主动机（autonomous motivation）包括具有完全意志和选择意识的行为，而受控动机（controlled motivation）则包括实施行为时，来自外部力量的压力和对特定结果的需求。"[76] 在各种工作场景中，他们的研究结果都支持自主性。

在一项著名的研究中，德西、瑞安及福特汉姆大学的保罗·巴德（Paul Baard）研究了美国主要投资银行内部员工的自主权和绩效之间的关系。500 多名员工接受了问卷调查。这份问卷旨在调查领导者接纳员工观点的程度，能够给出多少有用的反馈，并且给予员工多大程度的自主权去选择工作内容和工作方式。研究人员还收集了每个参与调查的员工的绩效评估。通过比较调查问卷和绩效评估，研究人员发现员工的自主性感知程度和他们的总体表现之间存在显著的相关性。管理者越是放松对工作内容和方式的管控，员工就越有可能把工作做好。

这对远程工作来说是个好消息，毕竟这种工作方式已经很大程度上削弱了管理人员的控制权。

实现自主性需要的不是管控力，或者指定员工以某种方式完成任务的能力，而是远程团队领导者提供的反馈和指导，或者引导自主工作的员工发现有助于自身提高绩效的能力。德西、瑞安和巴德的联合研究也发现了反馈和绩效之间的高度相关性。你虽然无法看到员工工作时的情形，但可以告诉他们工作的最新进展，并引导他们找到更好的方法。

德西和瑞安随即指出，需要注意的是，自主性并不一定表示员工完全独立。他们写道："自主性的意思是员工有选择权，并能自主行动；但是独立性则表示员工独自一人工作，不依赖他人。"[77] 对远程办公来说，这同样是个好消息——远程工作通常具有高度的自主性，但同时也具有高度的协作性。（这意味着员工之间相互依赖，而非各自为政。）因此，领导者的管控职责可能会由于自主权而削弱，但与协作相关的新职责应运而生。

结合自我决定论中的许多经验教训，并将其应用到为自主工作量身打造的规划中，管理远程绩效的方法由此形成。想要利用自主激励，管理者需要通过以下三种形式来帮助员工：

- 设定目标（选择工作内容）；
- 跟踪进度（衡量进展情况）；
- 给予反馈（帮助员工做得更好）。

在本章中，我们将依次谈及这三种形式，同时回顾相关研究及来自一些公司的经验教训和真实案例，以了解员工如何在自主中茁壮成长。

设定目标

管理远程团队的绩效，第一项至关重要的活动就是设置合理的目标。在远程办公中，除了员工正在完成的工作之外，几乎没有什么可以用来评估他们的了。你无法追踪他们的工作时间或者完成工作的方法。即使可以，也没有什么证据表明这样做会有多大帮助。例如，波士顿大学的艾琳·里德（Erin Reid）曾跟踪调查了每周工作 80 小时的人与希望有更多弹性时间照顾家庭的人的工作时间、工作产出和职业发展轨迹。[78]里德发现，卖力工作的"完美员工"确实得到了优异的绩效评估成绩、丰厚的奖金和快速晋升，而"灵活的员工"却没有。但当她以公正的视角深入研究绩效数据时发现，在那些每周工作 80 小时的人中有许多人实际上是在伪造工时，他们只是装作在工作。而且领导者也很难区分那些真正完成了既定工时的员工，和那些知道领导者在监视而去假装工作的员工。

不要做那个被蒙蔽的领导者。你要去关注目标和结果，而不是故意表现出来的"努力"。当你设定目标的时候，可以参考以下原则。

共同设定目标。为了增强员工的自主性，无论你设定了什么样的目标，对员工来说非常重要的一点就是，必须知道目标是什么、现状是什么。你也不希望员工觉得你只是随便指派给他们一些目标，丝毫不考虑现实情况或时间安排。因为如果员工觉得目标不可行，他们也不会真心努力。设立合理目标的最好方法，就是在相互讨论的过程中让员工参与进来，共同制定。

达成思想共识。 在商讨过程中，一定要把目标和真实的想法交流透彻。正如 Actionable 公司这一案例。当员工深入项目时，常常会意识到他们之前设定的目标实际上并不可行或者并不是最优方案，因此往往需要调整。这就是为什么了解项目背后的想法至关重要。如果员工了解为什么要做这个项目，那么他们将处于有利位置，既可以根据需要进行调整，还能获得项目所需的结果。

缩短时间周期。 我在其他书中曾写过，年度绩效考核并不能在真正意义上评估绩效，原因就是时间范围太宽泛而无法提供真实有效的反馈。事实证明，规划年度目标，甚至是季度目标，同样不能产生激励效果。约翰·霍普金斯大学的朱梦（Meng Zhu）教授主持的一项研究发现，漫长的期限会误导员工，让他们认为任务比实际更困难。[79] 这反过来又使他们更有可能拖延，更有可能放弃。因此，尽可能缩短项目的期限。如果有需要，可以把一个大项目分解成小任务，期限较短，从而使人们保持注意力集中。（这样做还有一个额外的好处，团队成员能更快地看到项目成果，即使遇到问题影响也不会太大。）

这三个方法也许并不全面，你可以根据实际工作和公司政策进行更多的考量。但如果能做到这三点，那么你就可以为团队设定足够清晰且合理的目标，并且更容易跟踪目标进度。

跟踪进度

除了设定清晰合理的目标，跟踪目标进度是远程领导者一项很重要的工作。专门抽出时间来观察目标进展是保持高度积极性的有效方法。其实一直有研究表明，所有动机中最有效的就是取得进步的感受。哈佛商学院的特蕾莎·阿马比尔（Teresa Amabile）教授是这项研究的主要研究人员。其中最著名的一项研究就是尝试捕捉阿马比尔所说的"工作心理"或工作体验。这项研究对来自7家公司的200多名员工进行了为期4个月的跟踪调查。[80] 每人在一天结束时都会收到一份"日记式"评述，要求他们对自己的情绪、心情、动机和工作环境做出反馈，同时记录他们当天所做的工作。总而言之，阿马比尔及她的团队收集了将近12000条日记，涵盖了从非常积极向上到消极沮丧的多种情绪。

研究人员梳理完所有日记后发现——员工在积极时间里的工作效率，毫无疑问地比消极的时候更高。但令人惊讶的是，决定员工的一天美好的因素并不是他的同事或领导，也不是巨额的奖金，只是他个人或团队在工作中取得进展的感觉。忧郁时光的触发因素与此恰好相反：工作中遭遇了意料之外的挫折。

阿马比尔称之为"进展法则"（progress principle）。[81] 在我们的工作经历中，最有力的因素，也正是我们的动力，就是在有意义的工作上取得进步。

此外，随着离目标越来越近，我们会付出更多的努力争取早日达成。研究人员已经在各种情况下看到了进展对努力的影响——从实验室里的实验研究，到筹款人在接近筹款目标时会更加卖力，[82] 再到我最喜欢的例子：人们为了收集优惠券兑换免费咖啡，会更加频繁地光顾咖啡馆。[83]

团队领导者的工作就是创造这种优惠券，并展示出员工正在取得的进步，以保持他们的积极性。以下是一些利于跟踪进度的非常好的方法。

定期亲自沟通。每个组织或团队都有不同的沟通周期，有些会举行"每日站立会议"回顾进展情况，并向团队中的每个人汇报最新进展；有些则依赖于每周或每月的例会。这些会议都是行之有效的，沟通周期的长短取决于手头工作的性质，但这些会议都不应该替代你与团队成员之间一对一的沟通。至少每隔一周，你就应当单独与员工沟通一次。至于原因，是因为在团队沟通中，员工可能不会完全诚实地陈述他们所面临的困难（在某些情况下，他们也不会诚实地说出自己取得了多大的进展——谁愿意让自己听起来像是在吹牛呢？），因此要真正了解员工的进展，可行的方法就是私下询问他们。

以不同方式与不同的员工沟通。由于不是正式的绩效评估，因此没有必要在沟通时死守标准。理想的情况是平等地与每个人互通有无——但平等并不等同于一致。有些员工更喜欢每周或者每天沟通（尤其是那些刚加入团队的员工），而另一些人可能会觉得这样太过频繁，宁愿每隔一周聊一次。此外，沟通方式可能会有所不同。有些人喜欢提前安排的视频电话，可以借机讨论很多事情；而有的人则想发送一封简短的电子邮件说明进展和问题即可。随着对团队成员的深入了解，你可以进行相应的调整。但是如果你不知道他们的偏好，那就大大方方直接问吧。

与团队沟通。无论使用什么方法进行沟通，都要获悉工作进度并将其传达给团队。如果你希望促进团队坦诚分享或者希望他们能够这样，理想的案例就是 Actionable 公司。但即使没有类似的打算，你仍然需要确保项目的进度和关键信息能够传达给团队——尤其是工作会受到影响的其他团队成员。当你与团队进行沟通的时候，也是与团队其他成员分享某位员工取得成就的好时机。团队中的某个人取得进展时，整个团队都会努力前进。

但有时你会在沟通中发现，团队成员完全没有进展甚至出现倒退。这种情况发生时，作为领导者，你的工作就转变成了提供反馈，让他们重新朝着正确的方向前进。

给予反馈

绩效管理中不可或缺的是对员工的表现做出反馈，我们已经强调过，重要的是关注结果，而不是细枝末节。但有些时候，员工的努力没有产生预期的结果。在这种情况下，给予反馈从而找到改进的方法就至关重要。但给予反馈不仅仅是指出对错，或者是和稀泥——说说好处说说坏处，打一棒子再给个甜枣。

将个人问题与流程问题分开。 著名的管理学研究专家威廉·爱德华兹·戴明（William Edwards Deming）曾说过："再优秀的人也会败于糟糕的体制。"[84] 来自 Priority VA① 的特里维尼娅·巴伯（Trivinia Barber）曾提到："每当发现问题时，我首先要做的就是确定这是人的问题还是流程问题。"[85] 巴伯长期以来掌握着数百个远程雇用关系数据，而且发现大多数问题实际上都是流程中产生的问题——指示不清或者资源不足。在与团队成员沟通之前，提前抽出时间来确认一下你发现的绩效问题是不是个人绩效问题，这将帮你节省很多时间，也会在沟通之后帮助你找到更好的解决方案。

提供清晰并富有建设性的反馈。将你的所见、所听、所感和所思具体概述出来，关注明确和具体的行为，不要去假设行为背后有任何意图。沟通的目标之一就是去发现，但是如果你直截了当地说出假设，则很可能会错失团队成员坦诚相告的机会。如果需要的话，你可以提前列好问题清单，这样就能在交谈时集中精力。除了回顾已经完成的工作之外，还应预想一下接下来的工作，或反思一下有没有更好的办法来完成工作，从而为团队成员提供建设性的反馈。

关注行为背后的影响力。你在管理员工时，当然不希望别人觉得你是一位事无巨细什么都管的领导者。所以你需要将行

---

① 一家专注于为企业家提供虚拟行政助理的远程公司。——译者注

为和影响力结合起来，提醒员工某些行为将影响团队、客户或其他利益相关者。根据行为的不同，产生的影响力也可能是积极或消极的。这样可以避免沟通双方变得充满戒备，而且也可以提醒团队成员他们工作的重要性。你必须参与到沟通当中，因为把工作做好对你来说也至关重要。

不要只是说——也要注意倾听。如果你已经是一位领导者，那么你就会知道，当员工觉得自己可以自由地贡献意见时，往往是最快乐的，而且工作也是最有成效的——在谈及自己的绩效时也是如此。谈话不仅仅是让他们陈述"理由"，如果你已经提前将个人问题和过程问题区分开来，那么就可以在谈话中避开这些话题。此外，倾听他们的想法可以得知他们的感受、情绪和挫败感，继而制订一份以提高绩效为目标的行动计划。检验是否认真倾听的最佳方法，就是对比你的问句和陈述句的数量。如果你只是对着他们说话，其实就是在自说自话——而没有进行对话。

协作制订解决方案。通过倾听，你已经成功地和员工进行了对话，并且更深刻地理解了他们的想法和情绪，接下来就是共同寻找解决方案了。就未来的行动达成共识可以增强员工的事业进取心，进而增加改变的机会。另外，如果计划出了问题，团队成员会觉得他们可以再次与你进行诚恳的会谈。

虽然一开始是在建设性反馈的背景下进行讨论，但理想情况下，你也可以定期给予员工反馈——而不仅仅是在观察到消极行为的时候才如此。如果你定期与员工沟通，那么就有更多的机会给他们提供更有效的反馈。同样，定期沟通也会帮助你更快地发现这些问题。

管理绩效是领导远程团队的一项重要工作，但也是对新上任的远程团队领导者而言最困难的。由于无法记录员工的上班时间和工作时长，许多领导者觉得无法评估员工的绩效。不过，还好这些东西并不是反映员工绩效的主要内容。相反，明智的领导者关注的不应该是细枝末节而是结果，并且会根据目标进展情况来进行绩效管理，消除此过程中发现的任何阻碍。

远程团队领导者须知

　　管理绩效需要关注许多灵活的因素，尤其要给予员工信任和自主性，而不是通过命令和控制来管理。以下方面回顾了远程团队的领导规则：

- 关注结果，而不是细枝末节；

- 共同设定目标；

- 达成思想共识；

- 缩短时间周期；

- 定期亲自沟通；

- 以不同方式与不同的员工沟通；

- 与团队沟通；

- 将个人问题与流程问题分开；

- 提供清晰并富有建设性的反馈；

- 关注行为背后的影响力；

- 不要只是说——也要注意倾听；

- 协作制订解决方案。

第九章
保持投入度

关于领导远程团队这件事，一直存在一个常见的误解，那就是领导者很难让员工保持专注。几十年来，线下办公的公司一直依靠免费茶歇、桌上足球，甚至日托或者免费干洗等办公室福利来保持员工的专注力和积极性。但实际上，能够远程工作的能力往往会显著提高员工的上述两种素质。对远程员工来说，所谓敬业度并不是要让他们更努力工作，而是让他们用更合理的方式工作，同时避免分心。

在迈克·德雅尔丹（Mike Desjardins）的职业生涯中，大部分时间都在致力减少工作倦怠，改善人们的工作体验。这也是他创办远程领导力培训公司 ViRTUS 的原因。

　　德雅尔丹解释道："我之所以开始从事这一行，是因为我已经筋疲力尽了。或者更具体地说，是昏过去了。"[86] 他 26 岁时从事净水器销售工作，事业蒸蒸日上。但代价也是不菲的，超负荷工作、频繁出差，以及需要"随时待命"回应客户的要求，他几乎没有时间休息充电。1998 年，在去加利福尼亚州拉霍亚出差的时候，德雅尔丹早早起床，打算先做好准备工作。他下床之后，短短的时间就昏倒了三次。弄清楚怎么回事后，他打电话给同事，要求取消他当天所有的会议安排。他休息了整整三天，才恢复了正常，又花了 6 个多月的时间来处理各类事务，最终辞掉了那份耗尽他所有精力的工作。

　　但他做出了改变，并创办了 ViRTUS 公司来掌控自己的职业生涯，同时希望可以掌控自己的生活。成立初期，这家公司并没有实行远程办公。因为有个实际的办公地点，就更容易划定工作和生活之间的界限。德雅尔丹坚定地认为无论自己还是团队，都要尊重这个界限。公司的规模不断扩大，占用的办公空间也越来越大，只是前 9 年就搬了三次办公地点。2009 年夏天，德雅尔丹从一位同行那里学到了远程管理整个公司的方法，发现公司转为远程办公的话，可以节约巨大的成本，并且每个团队成员都可以因此获益。2009 年秋天，他们毅然决定开始远程办公。到了 2010 年，公司呈现爆炸式发展。短短几个月里，他们与加拿大的几家行业巨头签订了领导力培训协议——其中包括加拿大最大的电信公司及一家大型连锁餐厅。这些合同的体量巨大，也意味着要招更多的人。而如果在过去，就要租更大的办公室，还要在全国各地到处出差奔波。但公司已经转型，因此可以快速成长，不必担心这些限制因素。

　　他们在温哥华仍然保留了一个小办公室，但主要用于存放投影仪、辅助工具和其他用品，德雅尔丹甚至称之为高级储藏间。转型为远程公司除了节省大量租金之外，还有助于他们更方便地为新客户提供服务，但同时一位意想不到的宿敌敲开了德雅尔丹的大门：疲累。

但这次感到疲劳的不仅是他，而且还有整个公司。他很快注意到公司转型后，大多数员工每天都更加努力地工作。由于没有办公室在工作和生活之间划出界限，公司里的每个人都在无形中延长了工作时间。"他们不休息，不吃午饭，全天都在回复工作邮件。"德雅尔丹说，"我们每天的工作时间长达12小时！公司刚转型的前6个月，大家都累坏了。"

不过这一次德雅尔丹已经颇有经验，非常关注员工的状态——所以没有人晕倒。公司转型为远程办公，反而与他最初不愿让员工过度劳累的想法背道而驰，不过丰富的经验帮助他迅速采取了相应的行动。他和一些领导力培训师一起，把注意力从客户转移到了自己公司身上。他们采访了大多数员工，共计20多名，很快找出了症结所在，从而提出了解决方案：要划定更清晰的界限，工作期望和团队规范都要更合理。

公司上下雷厉风行地展开了行动。首先规定员工只需要在各自时区的合理时间响应公司要求——无须日夜颠倒。这就意味着公司希望员工不要熬夜，同时正常地享受周末；这也是在训练员工在下班时间把手机设置为"免打扰"模式，同时在公司系统上标明自己的办公时间和非办公时间。

最重要的是，这也是训练客户无论是在合作时，还是在自己的工作中都能树立合理的期望。"我记得刚开始认真对待界限问题时，就有一个客户安排在午餐时间开会。"德雅尔丹回忆道，"那家公司刚刚把数万名员工送回家，让他们带着手机和笔记本电脑开始远程办公，然后就开始在午餐时间安排电话会议。"于是德雅尔丹和他的团队登入了视频会议室——面前放着午餐。一开始，客户公司的员工都很困惑，但德雅尔丹很快就解释说："你把会议安排在午餐时间，所以我们带了饭。不如你们也把午饭拿出来，咱们边吃边聊？"很快，客户就不再要求中午开会了。

还有一个客户，德雅尔丹的团队一开始就注意到这家公司的会议安排非常紧凑，没有任何休息时间。所以每当德雅尔丹安排与这个客户的会议时，都会故意把时间缩短15分钟。每次会议结束时他们就说："议程已经结束，现在多了15分钟的休息时间。"大概几周之后，客户注意到了这个现象，问他们怎么回事。德雅尔丹说道："说到底这并不是15分钟的问题，而是想让他们学会休息，那我们自己就要首先做到这一点。"

在 ViRTUS 公司成立的20年里，德雅尔丹作为领导者与其他远程公司通力合作，长久地活跃在对抗倦怠的最前线。所以他一次又一次地见证了是什么力量让那么多的领导者转向远程办公。在家办公的人工作效率并不低，你也无须太过费心，去激励他们保持投入和积极的状态。事实上他们往往比在办公室的员工更有效率，更加投入。所以保持团队的投入，是不要让团队成员太拼，否则倦怠就是不可避免的结局；应该帮助成员养成一种工作模式或习惯，让他们保持高效的同时，也要注重健康。

正如戴夫·库克（Dave Cook）在最近的一项研究中指出，当远程办公的员工在不同的生活领域寻求平衡时，既要高效又要健康的原则就显得至关重要。[87] 这项研究调查了 16 位距离美国很远的远程工作者，库克称之为"数字游牧民"。这些人主要生活在热门（但成本较低）的旅游区（主要是泰国境内和周边地区）寻找共享工作空间。库克不是对他们做了一个简单的研究，而是把这 16 位数字游牧民组成了一个团体，并进行了长达 4 年的跟踪调查。他发现这些人在开始远程办公的最初几周都遇到了困难，遭遇了他所说的"自由陷阱"。由于可以随时随地做自己想做的事情，这些悠闲的人一开始没能培养出高效工作所需的自律，也没能有效地利用闲暇时间给身体充电。同时，也正是因为可以自由安排工作时间，所以他们几乎随时随地都在工作。一开始还好，直到这种生活让他们筋疲力尽。幸运的是，库克跟踪研究的许多远程工作者最终都养成了这种自律。但这种挣扎是真实存在的，而且需要时间克服。

当看完各种如何让远程工作者保持投入度的研究后，你会发现想要高效地进行远程办公就像在走钢丝，两边都是深渊——太倾向左边会陷入倦怠，太倾向右边则会模糊了工作和生活的边界，导致分心。因此在本章中，我们将研究远程团队的领导者如何帮助团队成员，避免踏错而坠入任何一边深渊。我们将对这两种现象进行研究，并提供一些实用的策略来避免倦怠和分心。

对了，这些建议不是给团队的，而是给你的。如果你不分昼夜地处理工作，那手下的员工会觉得自己也该这样。如果你不下定决心杜绝让人分心的事物，那你的员工也不会如此。所以你首先要自己做好榜样，然后再去引导员工。

避免过度疲劳

数十年来，许多美国公司都开玩笑说，在家工作其实就是"不工作"。但这些玩笑并没有反映出许多远程办公人员所经历的种种现实。说是"不工作"，但其实远程办公往往会导致过度工作和过度疲劳。

英国克兰菲尔德大学（Cranfield University）的研究人员克莱尔·凯利赫（Clare Kelliher）和迪尔德丽·安德森（Deirdre

Anderson）对三家机构的 700 多名远程办公人员进行了一项研究，发现远程办公往往需要员工付出更多努力。[88] 接受调查的员工认为，老板给了他们灵活的工作环境，是帮了他们一个大忙（不过如果你从本书的开头读到这里就会明白，给员工创造一个能让他们表现更佳的环境，其实并不完全是一种恩惠）。为了回报老板，他们开始更加努力地工作。努力的形式多种多样：可能是延长工作时间，或者是轮班，也可能是在本应与家人团聚的时间完成工作任务，甚至是拖着病体继续工作，而如果是在办公室，这本来是应该请病假的。无论是何种形式，结果是一样的：员工几乎都比原本预想的要更加努力。工作时间越长，上下班之间的界限就越模糊，从而逐渐导致倦怠。

幸运的是，这种局面可以扭转。就像库克的研究中的数字游牧民一样，你只需要给员工立几条规矩。

定好"上下班"时间。 不一定非要规定典型的"朝九晚五"，但是在公认的上班时间工作，下班后享受时光，会给你带来非常实际的好处。科技的发展（比如现在手机也可以收发工作邮件）可能会模糊这一界限，即使对传统的办公室职员来说也是如此；但那些效率超高的员工培养出了自律，把上下班之间的界限重新划了出来。如果你想专注于工作又不想过度劳累，那就需要制定一个时间表，定好工作时间和非工作时间。你可以灵活地在时间表中安排大段的休息时间——但这并不影响你执行工作计划。如果没有这些固定时间，万一在看电影的时候突然来了灵感，有什么能阻止你打开电脑，埋头工作三小时呢？你可以像平常一样，先把想法写下来，到第二天工作时间再去仔细思索。"工作时间"之外你仍然可能会收到各种通知，但不妨暂且搁置，到下次工作时间再回复。此外，你也要了解其他团队成员的日程安排，尊重各自的工作时间。

举行一个下班小仪式。除了设定好工作时间外，有时你还需要举行一个小仪式，来提醒自己一天的工作结束了。可以是清理电子邮件收件箱（这个要慎重），或者安排好明天的时间来处理未完成的任务，也可以是某个特殊的词语或一句话。我的朋友卡尔·纽波特是个才华横溢的作家，他的下班仪式饶有趣味。在每个工作日结束时，他会回顾一下接下来两周的任务清单和日程表，以确保每项任务都有相应的计划，然后他一边关电脑，一边念出咒语：定时关机……完成。[89] "我的原则是这样。"纽波特解释道，"在我说出这句神奇咒语之后，如果工作相关的担忧仍在我的脑海中徘徊不去，我就用以下的思考过程来回应这份担忧：（1）我已经念过咒语了；（2）如果没有检查过所有任务，日程安排、每周计划，并且确定自己毫无遗漏，那我不会说这句话；（3）所以，没什么好担心的。"这种心灵的平静就是下班仪式的最终意义所在——即使它听起来像纽波特的咒语一样傻。

下了班就别碰办公设备。在我大学毕业后的第一份正式工作中，公司发给我一台笔记本电脑。它的系统卡顿而且很重，也总有传言说公司在里面装了恶意软件来"监视"员工。不过当时我还留着大学时的笔记本，就一直用它来处理私人事务。下了班就换电脑并不是负担，而是一种幸运。我的这种幸运也延续到了移动设备上。我有一部智能手机，上面安装了与工作相关的电子邮箱和其他应用程序；还有一部平板电脑，上面只安装了个人社交和娱乐软件。我的下班仪式，就是走上楼去充电的地方，放下工作手机，换成娱乐平板电脑。我也可以切换回工作模式，但这样就要走到另一个房间拿起工作手机，而这段距离基本都可以适当地阻挡我这种行为。如果你在自己的个人电脑上工作，也不想另买一台，那么可以考虑在操作系统中设置两个不同的账户。然后只需要退出工作账户，切换到个人账户，就可以完成下班仪式。

去外面走走。这个办法适用于你休息或工作前后的时间。你一定要出去走走，去接触一下大自然。各类研究一致表明，恢复元气的最佳休息方式就是亲近自然。[90]它不仅可以促进精力恢复，还能让你感到更快乐。亲近树木、草丛、河流或各种水域，会对大脑的休息能力产生很大的影响。[91] 出去散步看起来好像不符合你在疲倦时的期待，但快步穿过附近的公园，或是骑上自行车转个 20 分钟给你带来的感受，比一下躺到沙发上，再看一集看过无数遍的电视剧要好得多。如果你还是不相信我，那也没关系。最近的一项研究表明，人们往往低估了自己在附近的自然环境中散步之后，获得快乐的程度。[92] 所以当你备感压力，或者精神萎靡时，就不要再去喝咖啡了；请抽出几分钟，去外面走走，呼吸一下新鲜空气。

无论你是将以上这些具体的做法融入日常生活，还是寻找适合自己的办法都可以。重要的是要记住何时适可而止，从工作中抽出身来，去关注一下生活的其他方面。在家办公很容易会让工作占据生活，但暂时放下工作去休息可以改善工作表现。从长远来看，有时候故意远离工作，是提高工作效率的最佳方式。

避免分心

钢丝的另一边是另外一重深渊，它把我们拉向了工作懈怠的极端：分心。不过需要指出的是，分心并非远程办公所特有的不利因素。其实线下的办公室可能比家里或咖啡馆更容易让人分心,特别是开放式的,那种用大长桌、没有固定工位的办公室更是如此。但各种办公空间都有一些"暗雷",能把你的注意力炸得四分五裂。

值得注意的是,并非所有的干扰因素都有一样的效果。有些干扰是远程办公带来的自然干扰,比如家人和朋友的打扰。而有时候分心可能是一种信号,说明手头的工作没什么意思——或者至少说明你没有弄清楚当下究竟要做什么。如果你在家盯着一堆含糊不清的邮件不知道如何回复,那么很容易就会突然觉得不如玩玩手机吧。这种情况在办公室也会有——只要让技术人员提供一份报告,看看你的微博或者视频网站每天占用了多少网络带宽就一目了然。

但你可以采取一些措施来限制这些让人分心的干扰因素,减弱"就看一下下"的诱惑。你可能已经发现了,很少有人真的就只看"一下下"。以下是一些行之有效的策略。

划清工作和生活的界限。在工作和生活之间建立一些界限,对限制分心大有帮助。在传统的工作方式中,出门上班本身就是一种跨越物理边界的日常仪式。离开家,坐上车或搭地铁去办公室的行为,帮助我们完成了思维转变,为即将面对的任务做好思想准备。在家办公的时候,家和公司之间的距离以步数而非公里来丈量，因此很难建立物理界限，但这也让它变得更为重要。在家里划分工作区域和生活区域，有助于你树立心理界限从而限制分心。比如你可以在开始工作之前，把睡衣换成"工装"。如果家中实在没有合适的办公条件，可以考虑加入共享办公空间，这样你就可以和几十位同样需要物理界限避免分心的人一起工作了。在搬进有专用办公室的房子之前，我在当地的一个共享办公空间办了会员。我每次去的时候都会带一台充满电的笔记本电脑，但是不带充电线。这样我就必须保持专注，因为在电池耗尽之前我的时间有限。然后我会回家充电，处理一些要求不那么高的工作。如今付费的共享办公空间日益增多，满足甚至迎合远程办公人员需求的选择也越来越多。从咖啡馆、餐厅到公园和图书馆，如果需要的话，你可以选择在各种地方完成工作。

建立人际界限。如果你周围的人不尊重这些界限，那世界上所有的物理界限都是没有意义的。朋友、家人，尤其是孩子可能会认为你在家工作和在家休息没什么两样，总是跑过来。如果你的日程安排已经固定，那就明确告诉他们你在工作时间很忙——这段时间不要来打扰。如果这样听起来太严厉了，可以采用"午休"规则——只要他们只在午休的时候来找你，那就满足他们提出的小小要求。去拿干洗的衣服？可以。开车去买一整周的零食杂货？不行。如果你定好了工作地点，那就明确说清楚什么时候允许别人进来，什么时候不允许。我家里最好用的工具，就是一个几块钱的红色"请勿打扰"标识，挂在我办公室的门把手上。虽然花了一些时间，但最终成功训练了我的两个儿子，教会他们观察三个标志：如果我的门开着，那就说明欢迎他们进来；如果门是关着的，他们应该先敲门，然后告诉我他们想要什么；如果门把手上有红色标识，那就乖乖转身回楼上去。

分批处理任务。当生活没有什么条理的时候，我们是最容易分心的。可能在工作的时候，也不知道怎么就开始在维基百科上看青蛙或新奥尔良战役。为了避免这种情况，你可以把一天或一周划分为只完成特定任务的时间段。你可以把每天的前90分钟花在回复电子邮件和交流上，然后出去走走休息一下，接下来的90分钟去处理更重大的任务。午餐后是会议时间，既可以召开小组会议，也可以用来回答其他成员的问题。还可以设立主题活动，第一天的重点是处理某个特定的项目，第二天用于会议，第三天用于听取汇报然后给予员工反馈。当某个特定时间段开始的时候，你可能仍然有一些任务要完成，但至少已经缩小了选择范围，不过网上闲逛可算不上什么任务。

这些策略虽然无法在你和干扰因素之间筑起一道不可逾越

的高墙，但至少可以延缓它们悄悄来袭的速度。让你在工作时间更加专注，从而提高工作效率。

　　让员工——以及你自己——保持专注是所有领导者都要考虑的事情。在疲惫和分心之间的钢丝上行走时，每个人都会偶尔跌倒。但如果你和你的员工在钢丝的两边架起了护栏，就能在高效工作的同时，也能保证自己的身心健康。

远程团队领导者须知

　　有很多办法可以帮助团队成员保持投入度，但首先要让自己专心致志。现在，让我们快速回顾一下具体做法：

- 定好"上下班"时间；

- 举行一个下班小仪式；

- 下了班别碰办公设备；

- 去外面走走；

- 划清工作和生活的界限；

- 建立人际界限；

- 分批处理任务。

第十章

告别

即使是最出色的远程团队，其内部也会随着时间的推移而发生变化——成员转去别的团队或跳槽到其他公司，领导调换岗位等。如果你想组建并带领一支远程团队走向成功，需要做好的一件事，就是帮助团队成员体面友好地告别。这不仅是为了让仍在团队内的成员继续保持紧密联系，也便于整个团队适应新的节奏，迎接新人的加入。

在劳拉·加斯纳·奥汀（Laura Gassner Otting）担任非营利性专业人才咨询公司（NPAG）首席执行官的最后一天里，没有一个员工来跟她告别。[93]但平心而论，为了这一次的离开，她花了整整 5 年的时间做准备。

创立这家公司时，奥汀背负着一项艰巨的任务，远程办公将在其中发挥巨大的作用。她曾任职于美国一家知名的非营利性猎头公司，而且个人业绩突出，但有一件事一直困扰着她。奥汀解释说："大多数猎头公司会在挖来的人才成功应聘上岗后，收取其职位年薪的 1/3 作为报酬。这意味着，如果我为一家大型基金会找到一位副总裁人选，假设其年薪定为 30 万美元，如果应聘成功了，我就能够获得 10 万美元。但如果我是为当地的反暴力公益组织找筹款主管，他的年薪可能在 6 万美元左右，那我只能拿到 2 万美元。但这一类的人才比一般广撒网式的招聘要困难得多，因此那些非营利性组织恰巧更需要我们的帮助。"

奥汀逐渐感受到这个行业所制定的激励机制与她的价值观背道而驰，于是她化失意为动力，自立门户，秉持一诺千金的工作态度，服务于有着同样精神又渴求人才的每一位客户。但这也意味着她要尽可能地削减成本，显然租办公室就是一笔巨大的支出。在猎头行业，虽然大部分公司都渴望在黄金地段拥有更大的办公室，但其实他们很少在办公室内与客户商谈。奥汀感叹道："办公室唯一的作用，就是让员工们聚在一起！"接着她又说："如果与客户见面，我会把地点选在他们的办公室，这样可以更好地了解他们以及他们的企业文化。而如果我想约见潜在候选人，我们会在酒店大堂或者咖啡馆等第三方地点见面，因为没有哪个高管愿意被人看到走进一家猎头公司的办公室。"奥汀想不通买下一间精致的办公室是否真的合理，于是她没有这样做，而是开始在家创业。随着公司崭露头角，她雇用了更多的员工，并且要求他们也远程办公。

"我们省去了一大笔开销，节省的钱让我们能够真正为最需要帮助的客户提供服务。也正是通过远程办公，我们做到了这一点。"奥汀回忆道。

在接下来的 10 年中，NPAG 从只有奥汀一人发展到拥有 23 名员工——他们都在进行远程办公。尽管彼此之间距离遥远，公司内还是建立起了强大的企业文化，并取得了不少喜人的成绩——从针对大型知名基金会的高级人才引进，到面向小型机构的人才匹配，而服务这一类使命导向型的客户便是他们的初心所在。

公司所获的成就如此之多，但奥汀却开始感到无趣。她当然不是厌倦于成功所带来的影响，但比起那些，她更期待面对新的挑战。在工作之余，她还是一名赛艇运动员、马拉松选手、社会活动家和几个十几岁孩子的母亲，可以看出她的生活在不断被新鲜事物推动。奥汀第一次萌生退意大约是在公司创立第 10 年的时候，那时她开始与合伙人商讨她的打算，了解合伙人对领导公司有怎样的计划。很快她就意识到，让团队为自己的告别做好准备将是一个巨大的挑战。虽然她盼望遇到新的机遇，也清楚地知道公司会从另一种领导风格中受益，但她需要事先安抚好许多员工，打消他们的疑虑，让他们认识到没有哪个团队是一成不变的，他们需要对自己有信心，相信自己能够完成工作，即便没有她在一旁监督也可以把工作做好。

奥汀用了好几年时间来制订自己的离职计划，最后一年则专注于为合伙人升任为首席执行官和其他员工的职务升迁做准备，精心规划她离开公司后的各项事宜，想象着这些新的领导者在他们未来的岗位中会有一番怎样的表现。

"我放下了自己的那份骄傲。"奥汀回想起她当时的决定，"这个决定的核心不在于我和我的离开，而在于那些公司成员职位的变动和升迁。所以即便在正式发布的新闻稿中，我离开公司的消息也被其他内容遮盖了过去，因为我不希望人们注意到它。"从某种程度上来说，这个消息也的确没有引起员工的注意。自从奥汀转向写作和演讲工作，已经过去了很多年，但她仍然会收到某些圈内人打来的电话，询问是否可以聘请她的猎头公司挖掘高管人才。

在奥汀离任的那一天，公司里没有人为此说过一句话，但令人感到意外的是，这对她来说却是一个最棒的离场信号，表明她已经打理好公司上下，终于可以安心地离开了。当然，大家最终都找到了这位前首席执行官，与她正式地握手告别。但对整个公司来说，那是他们工作交接的第一天，也是那一天的重头戏。就像她为许多小型的、使命导向型非营利组织所做的那样，她为她的公司挑选了一位优秀的新领导者，员工们也都迫不及待地开展工作。

其实即使你和奥汀一样有经验，20年来一直在辅助高管处理其任期内的各项事务移交，告别团队也绝非易事。因此在本章中，我们将介绍如何应对两种常见的告别情境：首先是与离职的团队成员告别，其次是你离开时与团队告别。（为了给本书画上一个圆满的句号，我们假设这两个情境最终都愉快收场。但是如果你正在为解雇一名远程员工的问题而寻找解决办法，我们会在本书末尾的"附录"部分为你提供各类建议。但愿你不会经历那样的窘境！）

与离职的成员告别

当团队成员宣布他们要离开时，你总是会感到苦乐参半。[94] 一方面，你为他们又抓住了一个大好机会而高兴；另一方面，又因他们和你还有背后的团队再无联系而感到遗憾，而且这种状况也往往让人感到尴尬。在一个面对面的团队内，平日里朝夕相处，你通常可以从一些小细节中发现端倪。比如，他们响应工作要求的速度逐渐放慢，衣着比平时更为精致，在非常规的时间出去吃午饭，又或者桌上比以前多了很多的复印文件。在他们提前两周① 透露自己的离职决定之后，你和他们进行后

---

① 具体时间可能有所不同，如中国《劳动合同法》规定员工提前 30 天提出离职申请。——编者注

续的收尾工作时，一定还会感受到那种尴尬又不适的滋味。

相比之下，在远程团队中你能洞察到的类似线索要少得多，而且完全体会不到那种离职前的"最后时光"，但你可以创造一些特别时刻。不得不说，当员工提出离职申请时，远程团队的领导者往往会把场面搞得一团糟。记得我准备结束远程工作去读研究生时，我以电子邮件的形式向公司提交了辞呈（这不是一个明智的举动，但后来我发现，其实还没到真正糟糕透顶的那一步）。大约一小时后，我接到了经理的电话。谈话进行得很快，但紧接着他开始朗读一份"奇葩"的员工离职交接单，感觉就像是把离职面谈搞成了离婚诉讼。察觉到他还要继续读下去的时候，我打断了他，建议他直接把这份清单发给我。

"哦，是这样的。"他回答道，"我们已经在 37 分钟前关闭了你的电子邮箱。"

在那一刻，我感觉自己就像是个被虚拟保安随意拦下的受气包，连个看不见也摸不着的"箱子"都对我爱搭不理。只是这一次，公司并没有留着我尴尬地在办公室里晃来晃去直到离开的那一天，而是在线切断了我与老成员的所有联系，可能是担心我会对他们或者老客户说些坏话，影响到公司形象吧。

作为远程团队的领导者，如果够聪明的话，你会想到应该与团队一起欢送成员离开，而不是把每次的离去都视为背叛行为和安全隐患。[95] 这么做其实有充分的理由。第一，在社交媒体时代，离职并不意味着与团队的其他成员失去联系。如果他们共事了很长一段时间，那么团队的许多成员很可能在各种社交平台上一直保持着联络，这对你来说恐怕无法想象（直到几年后脸书向所有人开放时，我才体会到这种奢侈）。第二，人们会在意你对待离职员工的态度和做法，并代入自己的身上。为了确保这两个原因都不会给你带来负面影响，那说实话，欢送成员的离去才是正确的做法，当团队成员告知你他们将要离开时，你可以采用以下的方式来给予妥善的回应和祝福。

首先，**表达感谢和祝福**。你的本能反应可能是感觉受到了背叛，但请试着把话题的中心放在你对他们团队做出的贡献的感激，以及你对他们的光明未来由衷地感到高兴。可以参考一下大学教授或院长，对即将毕业的学生讲话时的那种心态。有朝一日，你的所有成员都会离开你的公司和团队，就像那一批批毕业生离校一样——难道你不希望他们日后能够愉快地回忆起在你的团队度过的时光，并为他们完成的工作感到自豪吗？如果你觉得他们找新工作是出于对这个团队的失望，那就更应如此，这不是摆架子的时候，反而应该把大家的注意力转移到那些曾经的高光时刻，以此来友好地结束这段同事关系。

接下来，问问他们想怎样发布自己的离职公告。除非公司的法务部提出了相关要求，否则不建议你关闭他们的电子邮箱，在接下来的工作例会上将此事告知整个团队即可。你可以组织一场类似毕业典礼的欢送会，在每个成员的脑海中营造一个标志着终点的场景，同时又让即将离开的成员深深地记住这个温馨的结尾。因此，你理应考虑到每一个人都有属于自己的舒适圈，别理所当然地认为他们都想和同事进行视频通话，看着所有人都捧着一块蛋糕说些临别的话。相较而言，他们可能更倾向于写一封简洁明了的电子邮件发给团队。即使你有各种不得已的考虑，也应尽可能地尊重他们的偏好。与此同时，请务必找到合适的渠道，方便队内其余成员向离职的员工表达感激和感谢。

然后，**准备一段发言词**。即使你很早之前就收到了团队成员的离职消息，一旦公之于众，团队内部仍会观察你的反应，并试图从你这里获得一些言行上的提示。所以你需要提前打好腹稿，以再次向要离职的成员表达心中的感谢和祝福。不过你也可以在这个场合谈谈自己对团队成员离职的看法，这与其说是一种背叛，不如说是一件值得庆贺的事情，不亚于毕业（即便你在看到前两段文字时，才开始考虑这个想法）。你不应默不作声，或者看似在很努力地寻找一些合适的说辞，这最终很可能会被成员理解为"正在绞尽脑汁地想些客套话"。

最后，**对员工离职的处理细则做出缜密的安排**。你的公司可能早已制定了相关制度和离职交接单来解决后续问题，比如停用离职员工的内部账号、更改其密码，收回所有公司的办公资产。不过你一定要完全了解这些安排，并且最好在发布离职员工公告前和有关人员、部门进行沟通。如果事先没有做好这些工作，那在公告发出之后一定要补上。你一定不想经历发生在我朋友身上的荒唐事！他曾遇到过一名心怀不满的员工。那个员工花了整整 8 小时把公司的车开到了芝加哥的机场，把车丢在了经济型停车场（专门为那些需要长时间将车停在机场内的旅客而准备），然后登上了单程航班回家。根据那个员工的陈述，这一切都是因为经理只说了让他带着"笔记本电脑和钥匙"进行离职面谈，而没有提到公司的车，所以他决定利用这个漏洞宣泄一下内心积累的不满。

如果你供职于大型公司，那要面对和遵循的规章制度远远不止这些。法务部总是处处把关，紧盯细节。但以上提到的这些都是你的团队常会关注的事情，会影响到他们对你作为现任领导者的印象，也在暗示他们如果有一天决定跳槽，你们之间的关系将会如何。出于许多相同的原因，当你发表"临别感言"时，也需要事先做好充分的计划。

与团队告别

就像你的队员难免会另寻前程一样，你也很可能在某个时候不再担任他们的领导者，或许是因为你选择了去别处工作，又或许是因为你升迁或者外调去领导另外一个团队，甚至可能是因为你的团队面临解散，被重新分配到不同的项目中。无论是上述哪种情况，在法务部撰写有关领导者的离职流程指南时，可能有一些人为因素被忽视。你可参考以下一系列要点，补全手续办理中的空缺。

提前准备一份辞呈。如果你自愿跳槽到另一家公司，那么首先应将这个意向传达给上级领导，通过电话或视频会议与他们进行沟通，但谈话很可能会以对方要求提供书面文件的方式结束。所以建议你提前准备好这封辞呈，明确且礼貌地说明你要辞职的决定。另外，辞呈中一定要提到你预计的离职日期。一般而言，该时间应安排在离职公告发布后的两周，但具体情况因行业而异。领导可能会要求延长一定时间以便于顺利交接工作，或者你可能会被告知：即日起，无须再来公司上班。无论发生什么，请不要动怒。总之，定下一个你认为合理的离职日期。不过，与其说这是你的理想日期，不如说是为了传递一个信息，即你已为公司做了最后的决定。

开门见山，直奔主题。一旦写完辞呈，就主动联系领导进行谈话。如果需要，你可以预约和领导的通话时间，但谁愿意拖拖拉拉，把事情安排在几天后呢？最好是直截了当地与对方交流，体现出你对离职一事的坦诚态度。因为你已经起草了辞职申请，换而言之，在说明离职想法时，你已经有了一个可遵循的模板。即使这不是一次正式的谈话，若有不便，你也不需要解释离职的私人原因。但如果你选择这样做，请记住，这不是一个适合翻旧账发牢骚的场合，更应该抒发你对同事缘分和共事经历的感激之意。

不放过每一处细节。现在你是要离职的人，可能会稍显被动。具体来说，你需要参与许多与后勤问题相关的对话，内容包括网络访问权限、公司办公资产、离职面谈安排，以及其他各种可能产生的烦琐工作。因此在谈话过程中，你要随身带着纸笔，确保涉及的一切信息都能记录下来。此时此刻，你正站在下一个起点，一定不希望一直收到前公司的邮件，催促你把电脑寄还回去。

向团队宣布离职消息。最合适的时机是在你告知团队经理的那一天，也向成员们宣布这个消息，因为推迟宣布是没有意义的。即使在远程团队中，如果你周一辞职，等到周三的全体线上会议才说明情况，那么短短两天里谣言也会流传开来。如果你有时间和意愿，可以私下联系团队里几个较亲近的成员，和他们知会一声。但无论你计划如何处理，都要设法控制住围绕着这个消息而产生的舆论。你需要主动出击、先发制人，在宣布离职时，留出足够的时间，对团队给予的支持与理解表示感谢，并对你们共同取得的成就表示肯定。

邀请上级领导或团队新领导参加线上会议。你的离职仅是领导层内的变动，团队并不会因此解散。如果你知道谁将接替这个职位，可以邀请他参与你们的线上会议。就像奥汀所说的那样，你可以将这看作一次介绍新领导的机会，而非离职前的最后一次讲话。如果你不清楚究竟谁来接任，也可以邀请你们的直属领导加入。一般情况下，根据公司章程，是你的直属领导主持这次会议。直属领导会前来督查团队的工作情况，直到找到新任团队领导。所以，要引导你的团队多多了解并信任他们。

让团队成员知晓你想如何保持联系。在当今的数字化时代，说了告别也不意味着就老死不相往来。人们的日常生活中有着各式各样的社交网络，你或许也有多个不同用途的电子邮箱。然而，你可能不想在离职几个月后，看到以前的老同事发给你的邮件静悄悄地躺在垃圾邮件里；或者是他们向你的脸书账号发送好友申请，但你只想在好友动态里看到家人们分享孩子的日常。所以你刚好可以趁着这次线上会议的机会，告诉成员你想通过何种方式来保持联系，留下你更喜欢用的电子邮件地址或特定的社交平台账号。（当你进行到这一步时，请记住要确定一下，这则内部消息应该转发给哪个人。如果上级领导在与你的单独通话中没有提到这一点，就将其列入你的工作移交清单中。）

为社交留出时间。这个线上会议就是你告别团队的最佳机会，所以要腾出时间让团队成员对你说声再见。留出一段专门的社交时间是个不错的办法，这样一来，团队气氛就不会陷入说完离职人就不见的尴尬境地。可能在此之后，你还会和老同事继续联系，但这取决于他们对这次会议的体验如何。如果新任领导或上级领导也一同参加了会议，你可以考虑安排一下让他们在你不在场的情况下与团队进行交流，他们可能需要解释一下团队的下一步计划大概是什么。但即使没有这个环节，团队也可以利用这个会议，好好地与你道别，消化掉"领导离队"的消息，甚至是商量一下如何向未来的领导问好。

告别时的那种感觉真的很糟糕，但聚散不由你我。在那一刻，人们会变得很情绪化，有时也会感到尴尬。在这一切都过去之后，若是你回想起那一幕幕，请给自己一点安慰。你可能会忘记提及一些事情，但是别忘了要把办公电脑寄还回去。没关系，大多数人都不擅长说再见，然而请记住，生活在这样一个紧密相连的世界上，再见不是再也不见，而是为了下一次更好地遇见。可能在领英（LinkedIn）上或者是某个会议上，大家又会见到彼此。不过这也使得人们越来越重视告别之际的那次正式聚谈，更希望以一种从容、慎重的态度来对待它。毕竟一次圆满的告别，意味着处理好了那些需要特别注意的事情，以后的相遇也必定是愉快的。

远程团队领导者须知

在挥手告别的时候，无论是告别某个离职的团队成员还是你自己离开整个团队，都有很多需要你斟酌再三的问题。那么现在，让我们快速回顾一下远程团队领导者在告别时应该怎么做。

与离职的成员告别时：

• 表达感谢和祝福；

• 询问他们想怎样发布自己的离职公告；

• 准备一段发言词；

• 对员工离职的处理细则做出缜密的安排。

与团队告别时：

• 提前准备一份辞呈；

• 开门见山，直奔主题；

• 不放过每一处细节；

- 向团队宣布离职消息；

- 邀请上级领导或团队新领导参加线上会议；

- 让团队成员知晓你想如何保持联系；

- 为社交留出时间。

结语
我们将走向何方？反正不回办公室

亚伦·博兹勒（Aaron Bolzle）是塔尔萨远程公司（Tulsa Remote）的创始执行董事。该公司由乔治·凯泽家族基金会（George Kaiser Family Fundation）资助，旨在通过物质奖励，吸引远程工作者在美国俄克拉何马州的塔尔萨定居。几年来，亚伦一直深入一线，带领团队深入观察员工和雇主之间不断变化的关系。"从历史的角度看，以前是哪里有工作机会，人才就会向哪里流动，而现在是哪里有人才，哪里就有工作岗位。"[96] 他的话说明了一种明显的转变。

从各方面来看，这种转变的效果比预期要好。

塔尔萨远程公司创立之初，是为了实践一项新的发展战略，以促进这个曾经盛产石油的城市发展多样化的经济，并加强其文化内涵。策略其实很简单：与其以减免税收的形式向大公司"补贴"搬迁到当地的费用，为什么不直接给予人才现金补助呢？

如果你是一名远程工作者，并且同意搬到塔尔萨至少住一年，基金会将在你于这座城市生活和工作的第一年，直接给你1万美元。虽然这不是第一个吸引远程工作者定居的计划，但该项目已经迅速成为一个大型的、专门针对远程工作者的社区发展项目，而且是唯一由私人基金会而非公共财政资助的项目。

项目最初的要求是相当低的：申请人必须年满18岁，并且有资格为俄克拉何马州的公司工作，但该公司不得位于塔尔萨当地。但当该组织在宣布项目启动后，仅仅10周内，100个名额就收到了超过1万份申请，因此不得不迅速调整申请程序。

博兹勒解释道："我们对候选者非常关注，选择也慎之又慎。"博兹勒本人就是塔尔萨的"归巢族"。他曾在纽约和旧金山工作过一段时间，然后回到家乡，看到了他不在的时候家乡的发展。博兹勒和选拔团队并没有草率地向那些寻求降低生活成本的技术人员发放现金，而是专注于寻找各行各业的优秀人才——从事各种工作，但所求是一致的。"这是为了找到那些寻求不同生活质量而且愿意对将要加入的社区带来积极影响的人。"博兹勒和团队进行了广泛的采访，为了甄别谁真正愿意融入当地并为社区做出积极的贡献。

最初留下来的人，大多数都在当地安稳生活了一年，其中大约 1/3 的人购买了住房。即使在新鲜感消失后，这个项目的消息仍在更大的远程工作者社区之间流传。塔尔萨远程公司目前已经发出了第二批共计 250 份邀请（申请者仍然超过 1 万人），现在计划大幅扩大未来招募的规模。尽管该项目是为了给这座经常被忽视的城市带来更多的关注和经济发展机遇，但博兹勒和他的团队针对从线下到远程办公的转变，进行了最密切的观察。从某种程度上甚至可以说，他们是这一领域的佼佼者。他们看到了不同行业的数百家公司如何组建远程团队，也听过数百名远程员工分享远程办公的优缺点。

博兹勒认为转向远程办公的趋势不会在短期内放缓。

他解释说："在大城市，人们被挤到了不想再待下去的地步。以前我们的生活是以工作为核心，但未来的工作是围绕生活构建的。只要想通了，我们就可以拿起行李，奔赴自己梦想的生活地点。"这不仅仅是他的观点，而且有充分的数据支持。如果你仔细想想，1 万美元其实并不是很多，基本只能负担横跨半个国家的搬家费用——所以那些加入该计划的人并不是为了这 1 万美元，也不是为了降低生活成本从而使收入最大化。

他们之所以千里迢迢地搬来定居，是因为亲身经历了在大城市的中央区写字楼里卖力工作却发现自己并不快乐的时光。这些人已经被迫以工作为中心勉力生活太久了，因此心生厌恶。

他们想要改变这种现状，而塔尔萨远程公司刚好提供了一个尝试的机会。

博兹勒和所有人都没有想到，仅仅在该项目启动两年后，世界各地就会在疫情的威胁下，被迫进行类似的远程办公实验，那些长期抵制远程办公的公司也被迫放弃了。原本觉得远程办公太麻烦，或者担心员工工作效率下降的领导者，几乎都被迫转型了。随着实验结果的公布，转向远程办公的公司和塔尔萨的项目一样希望满满。

在尝试过远程办公的生活后，许多人不想再回到办公室，公司的领导者也很难找到一个让员工回去的理由。那些无论如何都要让员工回去的公司，可能会惊讶地发现几乎没有员工愿意回到办公室，至少不能完全回到之前的情况。许多人好不容易有机会重建生活，并且对工作在生活中的位置有了一个更健康的看法——这在以前是绝少出现的，因而大家更喜欢这样的自我。

可以肯定地说，未来的办公室可能不再是一个完成工作的地方。（老实说，办公室一直以来都不是专注完成工作的好地方。）办公室仍然会存在，但可能会变小很多；更多的空间可能被规划用于团队协作和会议，而独立办公室的面积也可能会缩小。

正如我们在本书中所看到的，远程办公带来的额外灵活性并没有以牺牲效率为代价。甚至在被迫尝试远程办公之前，已经有研究支持赋予员工灵活工作的权利。正如 2020 年盖洛普公司的研究所示，每周只需来办公室一到两天的员工忠诚度最高。不必被迫来公司会使员工效率更高，只要不是完全不来就行。在很多情况下，赋予员工自主性能够增强企业文化的凝聚力。领导得当的远程团队，可以比线下团队更有协作精神。

远程办公是行之有效的，但它不能解决领导者和团队面临的所有问题，因为永远会有新问题出现。但我们将一起面对，共同思考，用全世界最聪明的头脑解决这些问题。

因为借助远程办公，我们可以集合世界各地的人才，同心同力，攻克难关。

附录一
远程领导者的必备工具

远程工作一直依赖于科技，从联通罗马帝国各地的道路和信使，到即时通信和视频会议程序，这些技术让你感觉同事仿佛就在隔壁办公室。各种技术设备现在随处可见而且价格合理，但并非都有同样的效果。在本章中，我们将探讨哪种技术最有用，以及应如何有效利用这些工具。无论你是刚刚承担了远程团队的领导职责，还是正在寻求协作标准化，以下都为你提供了领导团队所需要的各种工具。[①]

[①] 以下所列工具多无中文版，读者可自行了解或选用，此处保留原文。——编者注

项目管理

项目管理软件（不是简单的电子邮件）将是你进行团队协作的根本。合适的项目管理软件，应该能够助力你分配和跟踪任务、设置日程和时间表、共享文件、讨论问题和做出决策。理想情况下，电脑和移动设备都可以访问该程序，因为团队中的员工会有不同的偏好。

推荐：Asana，Basecamp，Monday.com 或 Trello。

文件协作

虽然大多数项目管理工具都具有文件共享的功能，但许多工具不允许人们协作处理这些文件——尤其是实时协作。因此，你可能需要一种将公司和团队文件保存在同一个地方的工具，以便每位员工都可以访问最新修订版本。该工具还能够保留这些文件的修订历史记录——因为意外点击"全选＋删除"的发生频率比大多数人想象的要多。

推荐：多宝箱（Dropbox），Box 或 Google Drive。

时间管理

时间管理是关键，对于人员分散各地的团队来说，时间管理尤为重要。你需要共享团队成员的日程表，这不仅仅可以帮助你安排会议，还能够保护你的个人时间，让团队成员知道你何时不在。许多日历程序都有共享选项，但是其中一些还允许人们在他人的日历上安排事件。这一功能实际上存在很大缺陷——谁愿意把自己的时间交给别人呢？因此，合适的共享日历程序应当只在本人允许的情况下才能更改日历设置，或者能够帮助你快速从团队成员的开放时间中寻找合适的交流时段。

推荐：Google Calendar 与 Calendly 组合使用。

同时推荐：任何易于使用的时区网站。

非即时沟通

理想情况下，你的管理工具中已经包含了非即时通信程序。但是如果你的公司依赖电子邮件沟通，那么你需要确保所选的项目管理工具也可以兼容电子邮件。我更推荐培训员工抛弃内部邮件，使用项目管理工具进行所有的非即时沟通。

推荐：Asana，Basecamp，Monday.com 或 Trello。如果电子邮件必不可少，那么 Basecamp 可能是最好的选择。

即时沟通

记住："非即时沟通是远程团队的标准沟通方式，非必要不要采取即时沟通的方式。"因此你选择群聊工具时，不要期望所有成员会"始终在线"。如果你需要进行一对一或与整个团队进行即时沟通，请选择语音或视频沟通平台。在你做出最终决定之前，务必阅读本书第五章。

推荐：很严肃地说，电话。

如果你想创建虚拟"茶水间"：Slack 或 Microsoft Teams。

线上会议

一旦你的沟通对象是多数人，就可能需要从音频沟通转移到视频会议沟通。视觉提示有助于促进谈话，并最大限度地减少干扰。理想情况下，无论是小型的团队视频电话还是大型的全员会议，参会人员都应该选择相同的沟通工具。这种工具还应该包括分组会议的功能，这样你就可以在团队会议或头脑风暴会议期间进行小型讨论，而不需要人们退出和接入不同的会议邀请。

推荐：Zoom。

思维能力或问题解决能力

许多视频会议程序都附带了一些用于记录想法，或把讨论内容可视化的工具。你当然也可以随时打开文档进行记录，但还有一些更好的工具。具体来说，许多工具是为多个远程用户设计的，用于记录灵感、绘制思维导图或创建工作流程图，使之可视化。理想情况下，这一工具人人都可以访问，而且不会占据太多的带宽，所以它可以与音频或视频电话会议一起使用。

推荐：Lucidchart 或 Bluescape。

庆祝成功

在办公室里，很容易聚集起一群人为某位员工的突出成就欢呼庆祝，但这在远程工作的世界里似乎有点困难。不过有一些软件可以达到这个效果，并使团队中的每个人都能认可他人出色的工作。只要团队成员取得一定的成就，有一些软件甚至会连通网上商店或发送电子礼品卡。如果你的公司没有这些工具的使用许可证，那么为你的团队注册这些平台的账号是非常值得的。

推荐：Workhuman 或 Kudos。

跟踪工作效率

根据你正在使用的项目管理工具情况，可能需要单独的工具来跟踪工作效率。理想的情况下，该软件还可以收集员工对于他们手头工作的感受，并在此过程中把握团队的"脉搏"。这绝不能是一个对员工进行数字监控或进行过度管理的工具，而应该是促使他们反思一天或一周的任务是否完成、报告工作进度，或是请求援助的工具。

推荐：15Five 或 iDoneThis。

阻隔干扰

我们已经谈论过保护员工的时间不受干扰的必要性，但并非所有干扰都是过分热情沟通的结果，有时候我们很难抗拒网络的吸引力。幸运的是，有一些应用软件和浏览器扩展工具可以让你设置自我防火墙，以阻断那些最容易令自己分心的干扰因素。你可以在一段时间内屏蔽特定的网站、游戏，甚至整个互联网连接，这样就可以专注于重要的工作。即使对你来说专注不是问题，试着用用这些软件也不错，这样你就可以向团队推荐它们。如果员工遇到家人或室友的干扰，需要提醒他们尊重工作和家庭之间的界限，请向你的员工发送一个请勿打扰的提醒符号，帮助员工借此提醒家人不要打扰他的工作。

推荐：Freedom 或 SelfControl。

签署文件

向他人发送不可编辑的 PDF 文档，并要求其他人签名、扫描，然后用电子邮件回复（或者用传真这种老古董方法），这种麻烦其实完全可以避免。很多软件可让你以电子方式管理签名文档，同时保证它的安全。如果你的公司没有企业账户，有些工具甚至还会免费赠送。

推荐：DocuSign 或 HelloSign。

附录二
远程团队领导常见问题

在为本书进行调查研究的过程中，我会见了大大小小的远程公司的各级领导者。在本书的写作过程中，许多公司正受新冠疫情期间强制居家政策的影响，不得不试验远程办公，我也与许多新晋远程领导者进行了交谈。由于无法在前述章节详细讨论他们遇见的所有问题，所以想单独写一份附录，解答一些我收到的最常见的问题。

如何在团队成员分离的情况下庆祝胜利？

在远程团队中，你无法把所有人都叫到休息室分享庆功蛋糕。但这种庆祝方式真的那么有效吗？要与远程团队庆祝，你应该关注三种类型的庆功：成就、里程碑式的胜利和同伴认可。

　　庆祝成就是最常见的。当你的团队完成了一个大目标，或是取得了阶段性胜利，那就该庆祝一下。胜利有大有小，庆祝方式也可以小到发一封电子邮件，大到在下次全员会议上公开庆贺。最隆重的庆祝活动或许应该留到复工后现场举行。如果你打算远程庆祝，制造惊喜是个不错的方法。跟每个人进行视频通话、直播吃蛋糕实在有些尴尬，最好的远程团队庆祝活动总是惊喜满满，比如用盒子装上奖状、食物、奖品或其他东西，并且在盒子上写上"到 _____ 时候再打开"，然后寄出去。在下次视频会议进行惊喜庆祝时，再让领导者带大家统一开箱。

　　庆祝里程碑式的胜利通常针对个人成就（尽管也包括公司或团队，比如业务纪念日或团队成立纪念日）。有远见的领导者自己记得，或者有健全机制提醒他，这些有纪念意义的时间节点究竟代表着什么。领导者也知道自己的团队对庆祝活动的偏好，并不是每个人都想在下一个视频通话中听到音响里传来的掌声。有些人可能更喜欢简单朴素的电子祝贺邮件。还有一些人可能根本不喜欢庆祝，只喜欢领导者手写的便条。

　　同伴之间的庆祝实现起来有点困难，但可以说是远程团队中庆祝胜利最重要的方式。线下团队在进行庆祝时，队友们会很自然地击个掌或说一句鼓励的话（至少在正确的公司文化中会这样）。但在远程团队中，团队成员通常需要一个合适的系统才能传达鼓励。幸运的是，你并不缺乏合适可用的软件程序和插件（附录一）。但无论选择什么软件，最重要的是作为领导者，你要经常付诸实践，这样其他人就会注意到并模仿你的行为。

这三种类型的胜利和庆祝方式，是给予你团队认可的重要组成部分，但要注意只有认可还不够，人们还需要得到感谢。两者是有区别的。认可是你基于结果或表现所给予的积极反馈，是花时间庆祝胜利，但如果没有感谢，其效果就会减弱。感谢是对结果和个人价值或意义的认同。如果有人曾经这样认同你，请记得心怀感恩。认可是庆祝我们所做的事，感谢就是庆祝我们这个人，两者都值得真心庆祝。

如何保证信息安全？

我们来开诚布公地谈谈大多数公司的信息安全问题。如果公司规模够大，有独立的信息技术（IT）部门，那无疑说明公司非常重视安全。但很多公司并没有把安全当回事，IT 部门会确保员工只能在受保护的服务器上运行公司下载的软件。但高管手中的笔记本电脑的保护措施仅限于由字母和数字组成的密码，这就像投资了最先进的家庭安全系统却把大门敞开。

对待安全问题绝对应该慎之又慎，但是远程团队所面临的安全风险可能比你想象的要小。大多数主要的网站，包括团队协作工具，都运行在安全（"https"中的"s"即表示"安全"）的服务器上。这就是为什么你可以完全放心地在亚马逊输入你的信用卡信息及住址。但如果想确保团队信息绝对安全，这里可以给你提供一份快速检查纲要。

- 要求每个成员的电脑都有密码保护。如果电脑上只有一个用户，许多人会设置为自动登录。这确实很方便，但万一你的员工在美国内布拉斯加州奥马哈上空 3 万英尺[①]的飞机上，而笔记本电脑还在纽约拉瓜迪亚机场的 B 航站楼充电，那问题就大了。
- 确保每个团队成员的电脑使用硬盘加密。目前，在微软 Windows 系统的电脑上，此功能被称为 BitLocker，在苹果公司的操作系统上被称为 FileVault。这两项功能让由于笔记本丢失导致全公司更改密码的恐慌事件，变成单纯的日常麻烦和花掉小钱换个电脑就能解决的小事。（一

---

① 1 英尺 =0.3048 米。——编者注

般如果你使用此功能，操作系统就会禁止自动登录。）

- 让你的团队使用每个网站和应用程序自动生成的长密码。许多操作系统现在会为你记住密码，因此，创建一个随机字母串的新密码比你原来的密码"Password1234"更安全。如果没有自动生成的密码，有些第三方应用程序可以为你生成和管理密码，并且督促团队成员为密码管理器和工作邮箱登录启用双重身份验证。试图登录时，该服务器就会向另一台设备发送一个验证码，以确保是本人登录。如果电子邮件或密码管理安全工具失效，所有信息都会泄露。

- 授权智能手机和平板电脑远程删除信息。如今手机普遍使用密码、指纹或面部解锁，但竟有很多人不启用手机上"查找我的设备"功能。该功能不仅可以让你知道手机是否还在酒店大堂的酒吧，还允许你远程删除手机上的所有信息。

　　确保远程团队的信息安全并不困难，但确实需要做一些准备工作。遵循上述步骤，会在最坏的情况发生时为你节省很多时间。

如何保障远程团队的心理健康？

我们之前提到过，远程办公并非毫无缺点和成本。对许多人来说，一个很大的成本是独自工作可能会对他们的心理健康产生巨大影响。关注个人的情绪健康——以及整个团队的情绪脉搏——有助于在事情严重之前及时发现倦怠、迟滞或更糟的情况。这对于建立一个充满支持的、心理安全的团队文化也至关重要，但远程操作起来要困难得多。往往直到队友被送到医院，我们才意识到在远方有朋友与我们共情的重要性。如果你有条件促成团队之间坦诚交流，不要犹豫。但要知道，交流并不一定能治愈一切。

你首先要注意下列迹象，也就是偏离某人既定模式的行为举止。他们发的电子邮件是否比以前少了？在团队视频通话时是否明显安静了许多？平时向来准时的人，是否错过了截止日期？相同的迹象对每个人的意义不同。其实对一些人来说，比平时更快地完成任务可能表明他们对工作太过投入，但这样容易精疲力竭（或者更糟的是，他们把工作当作逃避生活中其他问题的方式）。当团队在共事时已经有了共同的期望和节奏，突然偏航可能是你发现异样的第一个迹象。

当你观察到某人的异样时，不要犹豫，立即行动，尽快与之取得联系。你不必一开始就问"你还好吗"，可以先说一句赞美的话，对他的一个小成就表示认可，或者发出其他积极的信号，然后借此将谈话深入。你可能无法让他们敞开心扉，但可以让他们知道，如果他们想找人倾诉，你就在身边。有时你能做的只有这些。其他时候，取决于你们的关系，你可以更坦率地说出你的发现，以及你愿意如何给予帮助。几年前，我的一个朋友在社交媒体上公开了他正在对抗抑郁的消息。几个小时后，一个同事联系他说："嘿，我明天会去你所在的城市参加几个会议，我早餐、午餐或晚餐时间都有空，所以要不要聚一聚？"直到他们共进午餐时，这个同事才告诉我的朋友，他看到帖子后才预订了一张机票，这样就能顺理成章地约饭，但与我的朋友聊聊才是他飞过来的真正目的。

在工作中，你的员工在情感生活或心理健康方面对你的开放和坦诚程度总是有限的，但如果他们选择坦诚，你应该不遗余力地去帮助他们。

如何处理团队中的矛盾？

在任何团队中，冲突都不可避免——至少由人类组成的团队大多如此。同样不可避免的是，当有冲突时，许多人倾向于拒绝他人干预，只被动地任由紧张气氛发酵。在远程团队中，这种趋势会变得更加明显。如你们一年只见两次面，同时一周也只线上交流一次，那么很容易会发生几次误会或分歧。但你不能让伤口在不知不觉间溃烂，人们越是把愤怒憋在心里，爆发时的杀伤力就会越大。

所以不要犹豫，不管是不是工作职责的一部分，你偶尔需要担任团队的关系顾问——发生冲突期间更加无法推脱。当你看到两个队友之间发生冲突，尽快把他们召集起来讨论。而如果在团队会议上出现了冲突，不要试图干预（如果有必要，可以让其中一方或双方先离开），但要确保两方都能尽快回到一起单独讨论。

他们单独谈话时，你要引导他们完成三个阶段。首先，让他们描述观察到的对方对自己有消极影响的行为。这个阶段不要假设行为背后的动机，只描述行为本身。

接下来，描述这种行为给他们的感受。同样，不要将动机归咎于对方或做出此等假设，而是让对方听到别人眼中他们的行为是怎么样的。你甚至可以提供一个模板："当你做 _____ 的时候，我感到 _____。"根据不同情况，你也可以让他们告诉对方自己行为背后的动机。

有时候，这两个阶段就足够了。让每个人听到对方的真实感受，并消除动机和感知之间的脱节，就足以解决冲突。如果仍没解决，第三阶段即最终阶段，应该着重于合作寻找解决方案，下次出现类似情况时便知道如何处理。

当谈话结束时，花点时间记录下谈话内容，不用太正式（尤其当冲突已经解决时）。一封简单的电子邮件——"感谢你们俩今天能好好聊聊天"——就足够了。你只需要记录下正在发生的讨论及双方同意的新行为。希望你之后不需要再找出这封邮件，知道它在哪里就可以了。

当员工分散在世界各地，应该如何处理薪资问题？

查阅研究报告，或者参考老牌远程公司的惯例，你会发现工资不应该考虑生活成本的差异，而是要保持标准化和平等性。根据当地租金（或应聘者精明的谈判技巧）调整薪酬的方法，在如今成员大多分散各地的远程团队时代，可能很快就会过时。公司不久就将转向根据工作的价值支付工资，而不是参照公司或员工所在地的现行汇率。这其实是一件好事，不要误会我的意思：在我职业生涯的头 5 年，我幸运地成为新趋势的受益者——远程为一家根据纽约郊区水平发放工资的公司工作。这对我来说捡了个大便宜，但对大城市的员工而言就不算了。

但调整薪资产生的问题比解决的问题更多。当公司拥有国际化人才库，调整薪资甚至可能对那些大城市的员工造成伤害——人们会抱怨，为什么仅因为某个人住在温哥华，就得到相比其他同工同能的员工更高的工资？如果你给两个技能相似、任务相似的员工支付不同薪水，他们中迟早有一方会发现这种不公平。所以应该根据组织结构图中的级别，或考虑职位、经验和技能制定公开的算法，来发放标准化的薪资。

例如，在 Basecamp 公司，所有工资都是旧金山市场价格的 90%，尽管很少有员工住在旧金山湾区附近。该公司以向顶级人才支付高薪闻名，但也允许人才自主选择居住地，从而决定自己的可支配收入。至于讨价还价，根本不存在。Basecamp 的创始人贾森·弗里德解释说："既要做好自己的工作，又要成为一流谈判家，这似乎很不公平。"会有越来越多的公司效仿 Basecamp，并发现标准化和透明化实际上减少了员工之间因工资发生的冲突和不满，同时也给予员工更多的工作自主权。

如何解雇员工？

在本书第十章中，我们谈及如何在严格的程序中融入人文关怀，当出于或主观或客观的原因解雇员工时，也适用这一原则。但出于各种限制，人力资源部或法务部总要求你严格执行程序，所以你必须加倍努力，在过程中强调人文关怀。

亲自告知或视频通话告知。虽然我们在本书第五章中说过，纯音频交流更益于解读情感，但在解雇员工时，你应该也希望看到对方的肢体语言。你会想知道电话另一端的沉默是由于震惊、哭泣，还是更糟糕的事情。你也想让他们看到你脸上忧虑的表情。

带上第三方。视频通话的另一个原因是，你想让他们看到你带了第三方——一定要带上第三方。这将是一场以情感为导向的对话，人力资源部的人或至少其他经理在场非常有用，他们可以帮助对话不偏题，回答你无法回答的各种问题。另外，找一个能确保谈话专业性的人总是有价值的。

打开天窗说亮话。你需要确定好所有细节，包括确认当天是否是他们在职的最后一天，他们还能访问公司内部网络多长时间，遣散补贴和要求的具体条款。如果可能的话，在你告诉他们这个消息时把这些信息一并发给他们。很多人的默认反应是为自己辩护，有时甚至试图说服你改变主意。完成文书工作，发送给相关人士，就意味着已经做出决定，板上钉钉。

尽量提供帮助。如果解雇原因在雇主方，你要说明你愿意提供的帮助——可以是在领英上推荐或者作为简历上的推荐人。主动提供帮助可以避免他们失业 3 个月后又回来请你推荐时的尴尬，这时也可以提及公司提供的下岗安置服务。

留出答疑时间。最后你要留出提问时间，因为对方肯定会有问题，会详细询问各种细节，要考虑后路，甚至可能会流泪。在日程上空出时间，不要紧挨着再安排另一次会议。以防万一，几个小时内都不要安排其他会议。如果一切顺利，你的日程表上会有一些可以利用的空闲时间。如果没有的话，不妨感谢一下对方为你带来了喘息之机。

告知团队。在"告别"那一章中，我们讨论过了这个问题。而在现下情况中，最好单独通知团队，但不要毫无计划就贸然开口。无论你说什么，别人都会开始想象自己离开时你说这些话的场景。千万不要口不择言，要多说一些感激和暖心的话。

最后，**原谅自己**。解雇员工会很尴尬，你会感觉很糟糕。这的确无法让你感到舒服，也可能是件好事。如果擅长的唯一方法是练习，那么我们都应该希望永远不擅长解雇。所以原谅自己做得不够完美。

应该和远程员工在社交媒体上互加好友吗？

对这个问题最简单的回答是视情况而定。但这不是一个非常有参考性的答案，在给出一个简洁而有用的答案之前，我们不妨先梳理一下。

首先，这取决于公司文化，以及公司对在非工作渠道上进行工作相关谈话的容忍程度，因为在社交网络上有联系的员工会谈论工作。在被高度监管的行业中，每一次对话都需要记录以备日后使用，同事间在社交网络上聊天确实是个问题。在监管较少的行业（以及更透明的公司），这就不是问题。你还需要了解会影响你和员工关于工作谈话的法律规定。我仍记得在我职业生涯初期曾收到上司发的一封邮件，训斥我在社交媒体上和同事讨论了工作上的问题。我不得不提醒这位主管，员工之间的工作对话是受美国国家劳资关系委员会（National Labor Relations Board）保护的。我或许不应该主动发布任何东西，但木已成舟时，了解相关法律帮助很大。

其次，对于不同的社交网络，每个人都有不同的规则。领英几乎被每个行业的每个人视为"专业"社交网络，因此好友请求比比皆是。而脸书被一些人认为是开放的，但另一些人则认为它是完全隐私的。推特、Instagram、抖音，以及本书出版之后发明和普及的其他社交网络，规则可能就更因人而异了。鉴于以上论述，最好的方法是设置自己的规则，规定在什么网络上与谁联系，并在被问到此类问题时向他人明确说明，并且尊重他人的不同规则。（我的个人原则是，脸书个人主页仅向家人和密友开放，其他所有网络都公开，但并不发布任何隐私信息。）

最后——也算优先考虑因素之一——团队领导者可能不应该在任何网络平台主动联系成员。没有人希望上司在网上监视自己。虽然这可能不是你的初衷，但对于那些对社交网络有不同"规则"的人来说，很容易有所误解。同样，如果你在某平台接受了一个团队成员的好友请求，那也要接受来自该平台上其他任何成员的请求。区别对待很容易被解读成厚此薄彼。（你可以接受请求后取消关注。）

综上所述，最简洁而有用的答案可能是：

- 根据情况制定不同的规则；
- 一视同仁；

• 尊重他人的空间。

　　此外，还要注意你发布和评论的内容。如果和工作有关，最好还是转到工作平台上说。

致谢

本书是远程团队共同努力的成果。虽然封面上是我的名字，但我得承认，我只是偶尔觉得自己在"领导"这个项目。对于这些超棒的伙伴，我一直心存感激。

我的编辑奥利维亚·巴茨最先有了写书的想法，然后找到了我，我对此深感荣幸。里克·沃尔夫是我在霍顿·米夫林·哈考特出版社（Houghton Mifflin Harcourt，HMH）长期合作的编辑，他在奥利维亚的想法和我过去的工作经验之间看到了相似之处。还要感谢 HMH 团队的各位成员，包括德布·布罗迪、艾伦·阿彻、玛丽萨·佩吉、丽萨·格洛弗和威尔·帕尔默。

我的经纪人贾尔斯·安德森，和我远程共事了近十年。感谢他在 2012 年一时冲动发来的邮件，我们才能相识。

感谢几位智者，以透彻的洞察力和影响力传播了本书的思想：米奇·乔尔、克雷·赫伯特、乔伊·科尔曼、贝利特·科尔曼、杰森·盖格纳德、多利·克拉克、蒂姆·桑德斯、塔克·麦克斯和斯图尔特·克雷纳。

感谢各位令人钦佩的远程团队领导者，有的是被迫承担了这个责任，但稳稳地抗住压力，做出了一番事业，他们的经历成了本书采访的素材：特里维尼娅·巴伯、柯蒂斯·克里斯托弗森、史蒂文·韦弗、迈克·德雅尔丹、亚伦·博兹勒、克里斯·泰勒、海莉·格里菲斯、斯蒂芬妮·李、亚伦·斯特里特和劳拉·加斯纳·奥汀。

感谢自从杰克·尼尔斯创造了"远程办公"这个词以来，就一直在研究远程办公、远程团队，致力于营造良好工作环境的研究人员和思想家们：查尔斯·汉迪、彼得·德鲁克、罗杰·马丁、加里·哈默尔、利兹·怀斯曼、罗伯特·萨顿、赫米尼亚·伊瓦拉、丹尼尔·平克、艾米·埃德蒙森、亚当·格兰特、马丁·哈斯、利兹·弗思利恩、莫利·韦斯特·达菲、马克·莫滕森、芭芭拉·拉尔森、采戴尔·尼利、尼古拉斯·布鲁姆、贾森·弗里德、戴维·海涅迈尔·汉森、马特·穆伦维格、布莱恩·迈尔斯和尼克·摩根。

感谢我的妻子加娜（Janna），还有两个儿子林肯（Lincoln）和哈里森（Harrison），感谢他们尊重我那块"请勿打扰"的牌子，甚至还会主动把牌子挂在我办公室的门把手上，让我得以有时间完成本书。

注释

前言

1. Hayden Brown (@hydnbrwn), Twitter, May 22, 2020, 9:33 a.m., https:// twitter.com/hydnbrwn/status/1263840533144727552.

2. Jack M. Nilles, *The Telecommunications-Transportation Tradeoff: Options for Tomorrow* (Newark, NJ: John Wiley & Sons, 1976).

3. Charles Handy, *The Age of Unreason* (Boston: Harvard Business School Press, 1989), 18; Peter Drucker, ed., *The Ecological Vision: Reflections on the American Condition* (New Brunswick, NJ: Transaction, 2011), 340.

4. Kara Swisher, " 'Physically Together' : Here's the Internal Yahoo No-Work-from-Home Memo for Remote Workers and Maybe More," *AllThingsD,* February 22, 2013, http://allthingsd.com/20130222/ physically-together-heres-the-internal-yahoo-no-work-from-home -memo-which-extends-beyond-remote-workers/.

5. Cal Newport, "Why Remote Work Is So Hard—and How It Can Be Fixed," *New Yorker,* May 26, 2020, https:// www.newyorker.com/culture/ annals-of-inquiry/can-remote-work-be -fixed.

6. "IBM Study: COVID-19 Is Significantly Altering U.S. Consumer Behavior and Plans Post-Crisis," IBM News Room, IBM, May 1, 2020,

https://newsroom.ibm.com/2020-05-01-IBM -Study-COVID-19-Is-Significantly-Altering-U-S-Consumer-Behavior -and-Plans-Post-Crisis.

7. Kate Conger, "Facebook Starts Planning for Permanent Remote Workers," *New York Times,* May 21, 2020, https://www.nytimes.com/2020/05/21/technology/facebook-remote -work-coronavirus.html.

8. Chris O'Brien, "Facebook's West Campus Construction Costs Exceed $1 Billion," *VentureBeat,* May 16, 2018, https://venturebeat.com/2018/05/16/facebooks-west-campus -construction-costs-exceed-1-billion/.

9. Pim de Morree, "The Remote Revolution: Are We Reaching the Tipping Point?," *Corporate Rebels,* June 18, 2020, https://corporate-rebels.com/the-remote-revolution/.

10. All Nicholas Bloom quotes are from Nicholas Bloom, "To Raise Productivity, Let More Employees Work from Home," *Harvard Business Review,* January–February 2014, 28–29.

11. Adam Hickman and Jennifer Robison, "Is Working Remotely Effective? Gallup Research Says Yes," Workplace, Gallup, May 21, 2020, https://www.gallup.com/workplace/283985/ working-remotely-effective-gallup-research-says-yes.aspx.

第一章

12. All quotes from Curtis Christopherson, personal communication, June 26, 2020.

13. Martine Haas and Mark Mortensen, "The Secrets of Great Teamwork," *Harvard Business Review,* June 2016, 70–76.

14. Lutfy N. Diab, "Achieving Intergroup Cooperation Through Conflict-Produced Superordinate Goals," *Psychological Reports* 43, no. 3 (December 1978): 735–41.

15. Samuel L. Gaertner et al., "Reducing Intergroup Conflict: From Superordinate Goals to Decategorization, Recategorization, and Mutual Differentiation," *Group Dynamics*: *Theory, Research, and Practice* 4, no. 1 (2000): 98–114.

16. Jim Harter, "Employee Engagement on the Rise in the U.S.," News, Gallup, August 25, 2018, https://news.gallup.com/poll/241649/employee-engagement-rise.aspx.

第二章

17. Joost Minnaar and Pim de Morree, *Corporate Rebels*: *Make Work More Fun* (Eindhoven, Netherlands: Corporate Rebels, 2020).

18. Frank Van Massenhove, "Shift or Shrink," Liberté Living-Lab, posted January 11, 2017, YouTube video, 18:44, https:// youtu.be/LG4JZDzLmno.

19. Minnaar and de Morree, *Corporate Rebels*.

20. Charles Duhigg, *Smarter Faster Better*: *The Secrets of Being Productive in Life and Business* (New York: Random House, 2016), 44.

21. Julia Rozovsky, "The Five Keys to a Successful Google Team," *re:Work,* November 17, 2015, https:// rework .withgoogle .com/blog/five -keys -to-a -successful -google -team/.

22. Amy Edmondson, "Psychological Safety and Learning Behavior in Work Teams," *Administrative Science Quarterly* 44, no. 2 (1999): 350–83.

23. Paul J. Zak, "The Neuroscience of Trust," *Harvard Business Review,* January–February 2017, 84–90.

24. Paul J. Zak, "Trust," *Journal of Financial Transformation* 7 (2003): 17–24.

25. Zak, "Trust," p. 23.

26. Christine Porath, "Half of Employees Don't Feel Respected by Their Bosses," *Harvard Business Review,* November 19, 2014, https://hbr. org/2014/11/half-of-employees -dont-feel-respected-by-their-bosses.

27. Christine Porath, *Mastering Civility*: *A Manifesto for the Workplace* (New York: Grand Central, 2016).

第三章

28. "Deep Look into the WordPress Market Share," Kinsta, accessed June 12, 2020, https://kinsta.com/wordpress -market-share/.

29. "All Around the World, Building a New Web, and a New Workplace. Join Us!," About Us, Automattic, accessed July 28, 2020, https://automattic.com/about/.

30. I interviewed Mullenweg for one of my previous books, *Under New Management* (Boston: Houghton Mifflin Harcourt, 2016). Unless otherwise stated, all quotes and facts are derived from that interview. Matt Mullenweg, personal communication, March 10, 2015.

31. Matt Mullenweg, "The CEO of Automattic on Holding 'Auditions' to Build a Strong Team," *Harvard Business Review,* April 2014, 42.

32. Christoph Riedl and Anita Williams Woolley, "Teams vs. Crowds: A Field Test of the Relative Contribution of Incentives, Member Ability, and Emergent Collaboration to Crowd-Based Problem-Solving Performance," *Academy of Management Discoveries* 3, no. 4 (2017): 382–403.

33. Nicholas Bloom, "To Raise Productivity, Let More Employees Work from Home," *Harvard Business Review,* January– February 2014, 28–29.

34. Adrian Robert Gostick and Chester Elton, *The Best Team Wins: The New Science of High Performance* (New York: Simon & Schuster, 2018), 106.

第四章

35. Stephanie Lee, "Remote Team Meet-ups: Here's What Works for Us," *Buffer Blog,* January 7, 2019, https:// buffer.com/resources/remote-team-meetups/.

36. Matt Mullenweg and Carolyn Kopprasch, "How Buffer Meets Up," *Rework Podcast,* June 4, 2019, https://rework.fm/how-buffer-meets-up/.

37. Vivek Murthy, "Work and the Lone-liness Epidemic," *Harvard Business Review,* September 2017, https://hbr.org/cover-story/2017/09/work-and-the-loneliness-epidemic.

38. Tom Rath and Jim Harter, "Your Friends and Your Social Well-Being," News, Gallup, February 6, 2020, https:// news.gallup.com/businessjournal/127043/friends-social-wellbeing.aspx.

39. Julianne Holt-Lunstad, Timothy B. Smith, and J. Bradley Layton,

"Social Relationships and Mortality Risk: A Meta-Analytic Review," *PLoS Medicine* 7, no. 7 (2010), https:// doi.org/10.1371/journal. pmed.1000316.

40. Beth S. Schinoff, Blake E. Ashforth, and Kevin Corley, "Virtually (In)-separable: The Centrality of Relational Cadence in the Formation of Virtual Multiplex Relationships," *Academy of Management Journal,* September 17, 2019, https://doi.org/10.5465/amj.2018.0466.

41. Beth S. Schinoff, Blake E. Ashford, and Kevin Corley, "How Remote Workers Make Work Friends," *Harvard Business Review,* November 23, 2019, https://hbr.org/ 2019/11/how-remote-workers-make-work-friends.

42. Many companies adopted this technique, but the hat tip goes to Becca Van Nederynen and Help Scout for labeling it *fika*. Becca Van Nederynen, "6 Tips to Keeping Your Remote Team Connected," Help Scout, November 8, 2017, https://www.helpscout.com/ blog/remote-team-connectivity/.

43. R. I. M. Dunbar, "Breaking Bread: The Functions of Social Eating," *Adaptive Human Behavior and Physiology* 3, no. 3 (2017): 198–211.

44. Kaitlin Woolley and Ayelet Fishbach, "Shared Plates, Shared Minds: Consuming from a Shared Plate Promotes Cooperation," *Psychological Science* 30, no. 4 (2019): 541–52.

45. Janina Steinmetz and Ayelet Fishbach, "We Work Harder When We Know Someone's Watching," *Harvard Business Review,* May 18, 2020, https://hbr.org/2020/05/we-work-harder -when-we-know-someones-watching.

第五章

46. "About Our Company," Basecamp, accessed June 11, 2020, https:// basecamp.com/about.

47. Katharine Schwab, "More People Are Working Remotely, and It's Transforming Office Design," *Fast Company,* June 27, 2019, https://www. fastcompany.com/90368542/more-people -are-working-remotely-and-its-

transforming-office-design.

48. Jason Fried and David Heinemeier Hansson, *Remote*: *Office Not Required* (New York: Crown, 2013), 13.

49. Gloria Mark, Stephen Voida, and Armand Cardello, "A Pace Not Dictated by Electrons," in *Proceedings of the 2012 SIGCHI Annual Conference on Human Factors in Computing Systems,* CHI'12 (New York: ACM, 2012), 555–64, https://doi.org/10.1145/2207676.2207754.

50. Credit to the team at Basecamp for this metaphor, which I rephrased and built upon. Jason Fried and David Heinemeier Hansson, *Remote*: *Office Not Required* (New York: Crown Business, 2013).

51. Kristin Byron, "Carrying Too Heavy a Load? The Communication and Miscommunication of Emotion by Email," *Academy of Management Review* 33, no. 2 (2008): 309–27, https://doi.org/10.5465/amr.2008.31193163.

52. Michael W. Kraus, "Voice-Only Communication Enhances Empathic Accuracy," *American Psychologist* 72, no. 7 (2017): 644.

53. Noah Zandan and Hallie Lynch, "Dress for the (Remote) Job You Want," *Harvard Business Review,* June 19, 2020, https://hbr.org/2020/06/dress-for-the-remote-job -you-want.

54. Jessica R. Methot, Emily Rosado Solomon, Patrick Downes, and Allison S. Gabriel, "Office Chit-Chat as a Social Ritual: The Uplifting Yet Distracting Effects of Daily Small Talk at Work," *Academy of Management Journal,* June 5, 2020, https://doi.org/ 10.5465/amj.2018.1474.

第六章

55. All quotes and details from Stephen Wolfram, "What Do I Do All Day? Livestreamed Technology CEOing," Writings, Stephen Wolfram, December 11, 2017, https://writings.stephenwolfram.com/2017/12/what-do-i-do-all-day-livestreamed-technology-ceoing/.

56. Jennifer L. Geimer, Desmond J. Leach, Justin A. DeSimone, Steven G. Rogelberg, and Peter B. Warr, "Meetings at Work: Perceived Effectiveness

and Recommended Improvements," *Journal of Business Research* 68, no. 9 (2015).

57. *2019 State of Remote Work Report* (Somerville, MA: Owl Labs, September 2019), https://www.owllabs.com/state -of-remote-work/2019.

58. Steven G. Rogelberg, "How to Create the Perfect Meeting Agenda," *Harvard Business Review,* February 26, 2020, https://hbr.org/2020/02/how-to-create-the-perfect-meeting -agenda.

59. Henry M. Robert III et al., *Robert's Rules of Order Newly Revised, in Brief,* 11th ed. (Philadelphia: Da Capo Press, 2011).

60. Jeremy Bailenson, "Why Zoom Meetings Can Exhaust Us," *Wall Street Journal,* April 3, 2020, https://www.wsj.com/articles/why-zoom-meetings-can-exhaust -us-11585953336.

第七章

61. "Apollo 13," NASA, last updated January 9, 2018, https://www.nasa.gov/mission_pages/apollo/ missions/apollo13.html.

62. Jesus Diaz, "This Is the Actual Hack That Saved the Astronauts of the Apollo XIII," *Gizmodo,* September 4, 2018, https:// gizmodo.com/this-is-the-actual-hack-that-saved-the-astronauts-of-th -1598385593.

63. "Apollo 13," NASA.

64. David Burkus, *The Myths of Creativity: The Truth About How Innovative Companies and People Generate Great Ideas* (San Francisco: Jossey-Bass, 2013).

65. Norman R. F. Maier and L. Richard Hoffman, "Quality of First and Second Solutions in Group Problem Solving," *Journal of Applied Psychology* 44, no. 4 (1960): 278.

66. Steven G. Rogelberg, *The Surprising Science of Meetings: How You Can Lead Your Team to Peak Performance* (New York: Oxford University Press, 2018).

67. I'm grateful to my friend Tim Sanders here, for developing what he calls a "Dealstorming" method, which I used as a guide for these three meetings.

Tim Sanders, *Dealstorming: The Secret Weapon That Can Solve Your Toughest Sales Challenges* (New York: Portfolio, 2016).

68. Patricia D. Stokes, *Creativity from Constraints: The Psychology of Breakthrough* (New York: Springer, 2005).

69. I learned this awesome question from Roger Martin. Roger L. Martin, "My Eureka Moment with Strategy," *Harvard Business Review,* July 23, 2014, https://hbr.org/2010/05/the-day-i-discovered-the-most.html.

70. Charlan J. Nemeth, Bernard Personnaz, Marie Personnaz, and Jack A. Goncalo, "The Liberating Role of Conflict in Group Creativity: A Study in Two Countries," *European Journal of Social Psychology* 34, no. 4 (2004): 365–74.

71. Liana Kreamer and Steven G. Rogelberg, "Break Up Your Big Virtual Meetings," *Harvard Business Review,* April 29, 2020, https://hbr.org/2020/04/break-up-your-big-virtual-meetings.

第八章

72. Full disclosure: I have partnered with Actionable.co to create some of the training content offered on my own website. And, yes, the end result of each project looked very different (and better) than our original intent.

73. All Chris Taylor facts and quotes come from Chris Taylor, personal communication, June 30, 2020.

74. John R. Carlson et al., "Applying the Job Demands Resources Model to Understand Technology as a Predictor of Turnover Intentions," *Computers in Human Behavior* 77 (2017): 317–25.

75. H. Jiang, M. Siponen, and A. Tsohou (2019), "A Field Experiment for Understanding the Unintended Impact of Internet Monitoring on Employees: Policy Satisfaction, Organizational Citizenship Behaviour and Work Motivation," in *Proceedings of the 27th European Conference on Information Systems (ECIS),* Stockholm and Uppsala, Sweden, June 2019, Association for Information Systems, https://aisel.aisnet.org/ecis2019_rp/107.

76. Edward L. Deci and Richard M. Ryan, "Facilitating Optimal Motivation

and Psychological Well-Being Across Life's Domains," *Canadian Psychology/Psychologie canadienne* 49, no. 1 (2008): 14.

77. Deci and Ryan, "Optimal Motivation," 15–16.

78. Erin Reid, "Embracing, Passing, Revealing, and the Ideal Worker Image: How People Navigate Expected and Experienced Professional Identities," *Organization Science* 26, no. 4 (2015): 997–1017.

79. Meng Zhu, Rajesh Bagchi, and Stefan J. Hock, "The Mere Deadline Effect: Why More Time Might Sabotage Goal Pursuit," *Journal of Consumer Research* 45, no. 5 (2019): 1068–84.

80. Teresa M. Amabile and Steven J. Kramer, "The Power of Small Wins," *Harvard Business Review,* May 2011, 70–80.

81. Teresa M. Amabile and Steven J. Kramer, *The Progress Principle: Using Small Wins to Ignite Joy, Engagement, and Creativity at Work* (Boston: Harvard Business Review Press, 2011).

82. Cynthia E. Cryder, George Loewenstein, and Howard Seltman, "Goal Gradient in Helping Behavior," *Journal of Experimental Social Psychology* 49, no. 6 (2013): 1078–83.

83. Ran Kivetz, Oleg Urminsky, and Yuhuang Zheng, "The Goal-Gradient Hypothesis Resurrected: Purchase Acceleration, Illusionary Goal Progress, and Customer Retention," *Journal of Marketing Research* 43, no. 1 (2006): 39–58.

84. Quote by W. Edwards Deming, n.d., retrieved July 14, 2020, from https://quotes.deming.org/authors/W._Edwards_Deming/quote/10091.

85. Trivinia Barber, personal communication, July 2, 2020.

第九章

86. All Mike Desjardins facts and quotes come from Mike Desjardins, personal communication, June 30, 2020.

87. Dave Cook, "The Freedom Trap: Digital Nomads and the Use of Disciplining Practices to Manage Work/ Leisure Boundaries," *Information Technology and Tourism* (2020): 1–36, https://doi.org/10.1007/

s40558-020-00172-4.

88. Clare Kelliher and Deirdre Anderson, "Doing More with Less? Flexible Working Practices and the Intensification of Work," *Human Relations* 63, no. 1 (2010): 83–106.

89. Cal Newport, "Drastically Reduce Stress with a Work Shutdown Ritual," *Study Hacks,* June 8, 2009, https:// www.calnewport.com/blog/2009/06/08/ drastically-reduce-stress-with -a-work-shutdown-ritual/.

90. Kristin M. Finkbeiner, Paul N. Russell, and William S. Helton, "Rest Improves Performance, Nature Improves Happiness: Assessment of Break Periods on the Abbreviated Vigilance Task," *Consciousness and Cognition* 42 (2016): 277–85.

91. J. Barton and Jules Pretty, "What Is the Best Dose of Nature and Green Exercise for Improving Mental Health? A Multi-Study Analysis," *Environmental Science & Technology* 44, no. 10 (May 2010): 3947–55.

92. Elizabeth K. Nisbet and John M. Zelenski, "Underestimating Nearby Nature: Affective Forecasting Errors Obscure the Happy Path to Sustainability," *Psychological Science* 22, no. 9 (2011): 1101–6.

第十章

93. All Lara Gassner Otting facts and quotes are from Lara Gassner Otting, personal communication, July 2, 2020.

94. I found a lot of different guidance on saying goodbye on virtual teams. Three in particular were quite useful: Teresa Douglas, "How to Say Goodbye When a Remote Worker Leaves," *Medium,* March 18, 2019, https://medium.com/@tdogknits/how-to-say-goodbye-when-a-remote-worker-leaves-37ef2aee01f7; Nick Francis, "Parting Ways with a Remote Team Member," Help Scout, August 8, 2017, https:// www.helpscout.com/blog/how-to-fire-a-remote-employee/; and Kiera Abbamonte, "Bidding Farewell to a Remote Team Member," *Kayako Blog,* December 13, 2017, https:// www.kayako.com/blog/employee-offboarding-best-practices/.

95. I dedicated an entire chapter to this idea in my book *Under New Management: How Leading Organizations Are Up-ending Business As Usual* (Boston: Houghton Mifflin Harcourt, 2016).

结语

96. All Aaron Bolzle facts and quotes are from Aaron Bolzle, personal communication, July 1, 2020.